隨緣自在

英國詩人彌爾頓在《失樂園》中寫道：

心是以自家為宅宇，
它可以化地獄作天堂，也可以化天堂作地獄。

人要過得自在，就必須讓自己心無罣礙，學會用歡喜的心情，
面對苦惱的事情。
細細品味圍繞在我們生活週遭的細微幸福，
生命才會洋溢著無窮無盡的快樂，而不是充滿哀愁和苦惱。
很多時候，只要懂得適時轉換念頭，就會發現許多事實在不值得煩憂；
心中的陰霾也會在轉念間煙消雲散。

連城紀彥——編著

出版序

用歡喜的心情，面對苦惱的事情

不要讓自己陷入心靈禁錮之中，人要過得自在，就必須讓自己心無罣礙，學會用歡喜的心情，面對苦惱的事情。

《魯賓遜漂流記》作者笛福曾經寫過這麼一句話，值得我們深思：「當你將手掌緊握，充其量只能擁有自己能握到的空氣；當你將手掌打開，你就能夠擁有全世界的空氣。」

其實，所謂的「擁有」並不是將擁有的東西緊緊掌握在手中，而是必須懂得適時放掉，因為，只有懂得放下「擁有」和放空自己，你才能真正擁有，而且擁有更多。

一天晚上，有個人帶著兩、三個弟子到附近的海上釣魚，他們拿著火把照明，在海灣上到處尋找魚群，但是卻不知不覺迷失了方向。

哪個方向是陸地呢？就連帶頭的那人也不禁有些慌張，於是命令大家點燃更多火把往四面八方照明，但還是一點都看不到陸地。

就當他們在海上著急嘆氣的時候，火把也熄滅了。大家都認為這次死定了，但就在這時候，突然有人大喊：「太好了。」

原來，由於周圍沒了火把照耀，變得一片漆黑，但也正是由於周圍的黑暗，反而讓大家可以看到陸地的黑影。

幾天過後，這人把這件事情說給熟識的漁夫聽，沒想到漁夫聽了之後居然大笑不止，並向他解釋：「你有所不知呀！火把只能照到自己腳邊附近的地方，反而還會讓人看不見遠處。所以每當這種情況，我們都會特意把火把熄滅呢！」

故事中的火把，就代表著我們心裡固有的認知，而陸地則代表著另一個新的領域；要是我們只專注於眼前，自然就無暇，也無法看見其他不一樣的新事物了。

人生在世，總難免追求更多錢才，追求更好的名聲，希望過更好的生活，擁有更圓融的人際關係……但是，如果我們不懂得隨緣自在的道理，一味固執己念，又如何能活得舒適安然呢？

人生中，惱人的事情很多，許多瑣碎小事逐漸累積起來，就會形成心理上的一大重擔。

不要讓自己陷入自尋煩惱的心靈禁錮之中，只要隨緣自在，多數煩惱就會自然而然煙消雲散。當心中的烏雲一掃而空，海闊天空的好心情也就隨之而來。

英國詩人彌爾頓在《失樂園》中寫道：「**心是以自家為宅宇，它可**

以化地獄作天堂，也可以化天堂作地獄。」

人要過得自在，就必須讓自己心無罣礙，學會用歡喜的心情，面對苦惱的事情。

細細品味圍繞在我們生活週遭的細微幸福，生命才會洋溢著無窮無盡的快樂，而不是充滿哀愁和苦惱。

很多時候，只要懂得適時轉換念頭，就會發現許多事實在不值得煩憂，心中的陰霾也會在轉念間煙消雲散。

1. 別為了比較，忘了自己的需要

比較是永無止境的，若只是一味的和人比較，卻忘了自己真正需要的到底是什麼，永遠都不會有滿足的一天。

2. 負面情緒只會帶來負面效應

坦然接受現實，好好過日子，用更多努力彌補先天環境的不足，日子才會變得更充實、更積極，心靈上也更能得到滿足。

3. 發揮特色，才能發光發熱

每個人都有屬於自己的特性，只要懂得發揮自己的特色，往往就會有意想不到的結果。

4. 有缺陷，才顯得更親切

人是不可能近乎完美的，甚至，有一些小缺點的人，才更有「人味」，也比較容易被他人所接受。

5. 幸福不是只有一種元素

健康、財富、名譽、地位，都不過是幸福的材料而已，只有懂得拿捏調配這幾種要素的分量，才能夠擁有真正的幸福。

6. 腳步紮實才能嚐到甜美的果實

若只是一味躁進，忘了腳踏實地、步步紮實，那麼最後必不能得到想要的成果。

7. 懂得放鬆，就能活得輕鬆

只要集中精神在眼前的生活上，用心活在當下，路程自然會走得輕鬆許多，也會在不知不覺中越來越接近目標。

8. 融會貫通，就能懂得變通

不管做任何事情，都必須先弄清楚原由，否則，搞不清楚狀況，也不知道變通的結果，往往就是誤了大事。

PART 1

別為了比較，忘了自己的需要

比較是永無止境的，
若只是一味的和人比較，
卻忘了自己真正需要的到底是什麼，
永遠都不會有滿足的一天。

自我反省，才是相處的要領

跟他人相處時，如果只是一味指責、要求對方，從不回過頭來自我反省，爭執永遠不會有真正休止的一天。

活在這個紛擾的塵世，使我們感到苦惱，無法是懷的的，通常是人際互動之時產生的摩擦，因為我們都不知道放下自己。

有一天早上，一名禪僧來到寺廟附近的馬場外散步，正巧見到一個人在訓練馬兒，於是禪僧便在一旁觀看。

只是，那匹馬似乎心情不太好，總是不聽從主人的指揮。那人非常生氣，忍不住對著馬兒大聲怒罵。

禪僧見狀，馬上叫住他：「你這是在幹什麼？」

但這人似乎沒有聽到他的話，還開始用鞭子抽打自己的馬。

「喂，你到底想幹什麼？」

禪僧又喊了兩三次之後，那人終於聽到，於是下了馬向這邊走來。

「這位大師有什麼事嗎？」馬主有禮貌的問道。

禪僧說：「馬怎麼會聽得懂你說的話呢？如此一味責罵馬兒是很愚蠢的。馬也有自己的情緒，如果想要讓馬聽懂你說的話，就要先學著好好傾聽馬兒的話，平等待牠才是。記住，先檢討自己，改正自己才是最重要的。」

那人也是個謙虛明理的人，先是深深的向禪僧鞠了一個躬，並且完全改變先前態度，再次跳上馬背。沒想到，這回馬兒的情緒立刻不一樣了，變得十分順從馬主的指揮。

曾有人說過，那些看別人不順眼的人，多半都是因為自己修養不夠，不知道放空自己的關係。

要知道，跟他人相處時，如果只是一味指責對方、要求對方，強迫對方聽從自己，從不回過頭來自我反省，彼此間的爭執永遠不會有真正休止的一天。

要求別人，不如先要求自己，這是做人處事最基本的道理。如果我們願意率先由自己開始做起，相信對方一定能感受得到，並且也會慢慢跟著改變。

別爲了比較，忘了自己的需要

比較是永無止境的，若只是一味的和人比較，卻忘了自己真正需要的到底是什麼，永遠都不會有滿足的一天。

英國思想家柯立芝說：「人如果不能飛昇成為天使，毫無疑問的，他將墮落成為魔鬼。」

在這個物慾橫流的社會，人只顧著追逐眼前的虛榮，喪失了高貴的情操、崇高的理想和豐富的觀點，變得庸俗、粗鄙、媚俗。唯有隨緣自在，細細品味圍繞在我們生活週遭的幸福，生命才會洋溢著無窮無盡的快樂，而不是充滿哀愁和苦惱……

有天，某甲匆忙的跑回家，一進門就對兒子說：「快！快點拿鞭子來打我的背！」

兒子困惑的問：「為什麼？」

某甲卻十分不耐煩的說道：「哎呀！別問那麼多了，快點拿鞭子打我就是了！」

於是，兒子連忙從馬廄拿出一條又粗又長的鞭子。只見某甲早已脫下上衣，趴在椅子上，指著自己的背說：「給我重重的打！」

隨著鞭子起落，沒多久，某甲背上便滿是傷口，散發出濃烈的血腥味，兒子這才停下手。

接著，某甲有氣無力的說：「快，拿馬糞來敷在我的背上。」

兒子不明所以，只得趕緊從馬廄挖了一大坨臭味四溢的馬糞，跑到父親身邊，一股腦兒抹在父親背上。

這時，某甲嘴角泛起一抹滿意的笑，一邊說道：「我看到有人惹惱了國王，被處以鞭刑，但事後用馬糞敷治，鞭傷竟然很快就痊癒了，所以我也想要試試看，希望有用啊！」

兒子一聽，馬上流著淚哭了起來。某甲於是納悶的問道：「你為什麼要哭呢？」

兒子回答：「我原本有個無病無痛的父親，現在卻自討苦吃，身受重傷，得臥病在床一段時間才能痊癒，我能不難過嗎？」

用健康的身體換得「秘方」的真實性，這麼做真的值得嗎？

見到別人有什麼，便一定要想辦法擁有，這是許多人都有的通病。

每個人剛出生時，都是一張不折不扣的白紙，雖然天生的個性不盡相同，但大體而言，這時候每個人的心中，都還沒有價值與相互比較等等觀念。

這種比較的心理，都是日後透過大人傳遞灌輸的。孩子從小就不斷耳聞大人比較著誰家的孩子乖、誰家的收入好、誰家房子漂亮等，自然也開始有樣學樣，跟其他孩子比較起誰的衣服漂亮、誰的電動玩具新、誰的考試分數高。

「別人有的，我也要有」，或是「其實並是不真的那麼想要，但就是要想辦法得到」，都是比較之後，才衍生出來的偏差想法。

但擁有了和別人相同的事物之後呢？是否真的感到快樂踏實？很多時候，只不過又會再衍生出另一種失落感，驅使自己繼續盲目比較與追求而已。

事實上，比較是永無止境的，若只是一味的和人比較，卻忘了自己真正需要的到底是什麼，永遠都不會有滿足的一天。

我們必須明白一件事，真正的快樂並不在於你擁有的比別人多，而是在於計較的比別人少呀！

眞正的善心不需要回報

如果只是為了得到回報而助人，那不只失去助人的本意，助人的善行也會成為一種利益交換。

從前有個人在仇敵面臨危難之時，出手救助對方。

回到家以後，這人很得意的告訴妻子這件事，並且說：「那個人以後一定會感激我的，以後對我的態度也一定會有所改變。」

但是，沒有想到妻子卻告訴他：「這根本沒有什麼大不了的。說不定，他還會因為覺得不自在，進一步對你感到反感呢！」

雖說「善有善報，惡有惡報」，世間的一切都是有因果報應的。

但是「善果」，卻不一定是因為真的做了什麼善行才有，最重要的關鍵就在於你當下的心態。

有一個很喜愛麻雀的老爺爺，經常在自家的庭院餵食麻雀。因為心裡喜歡，只要能看見麻雀他就很滿足了，根本不想多要求什麼。

由於感激老爺爺的慈悲心腸，趁著他出門時，麻雀們為他銜來了大大小小的青藤作為禮物送給他，老爺爺覺得自己實在拿不動，就挑了一綑最少的拿回家。

沒想到，青藤的裡面居然藏滿了金銀珠寶。

貪心的老奶奶心想：「再怎麼說，養這些麻雀我也有份呀！」懷著這樣的心態，老奶奶出門了，一邊走，心裡還一邊幻想著自己可以得到更多金銀財寶，一點都沒有真心對待這些麻雀的意思。

所以，當麻雀也給了老奶奶一些青藤時，老奶奶立刻挑了一綑最大最重的，費了好大的勁才把它挑回家。但是，這次青藤裡面卻沒有任何的金銀珠寶，反而裝滿了骯髒的泥土石塊。

助人為快樂之本，單純的為幫助人而幫助人，對對方沒有任何要求，這是多麼愉快而舒坦的心情呀！

有句話說：「做任何事，只有當你以這件事本身的目的為目的時，它才有意義，才有益處。」

如果只是為了得到回報而助人，不只失去助人的本意，助人的善行也會成為一種利益交換。

不必牢牢記住自己何時幫助過別人，一旦接受了別人的幫助，卻要永遠銘記在心，並以同樣的熱情，幫助下一個需要幫助的人，將這份溫暖散播出去。

心靈美善，遠勝外在的美麗——

真正美麗並不在於容貌的美醜，也不在於姿態的優雅與否，真正的美麗，在於一個人的心靈是否美善。

很久以前在印度，有一個叫做摩訶密的富翁。他的七個女兒個個堪稱絕世美女，十分受到大家的稱讚，據說每個人只要看上一眼，就會被深深吸引。

摩訶密也非常以擁有如此漂亮的女兒自豪，不管去到哪裡都要帶著女兒，甚至還對外宣佈：「如果有人說得出我的女兒哪裡不漂亮，我就給他一大箱金子。」

事實上，摩訶密的女兒們不管是身材、臉蛋還是儀態，一切都顯得十分完美，幾乎找不到一絲缺點，別說男子，就連女子見到了也會忍不住被吸引。

摩訶密非常得意，甚至異想天開的想道：「我的女兒不管是誰見了都會被迷倒，如果我帶她們去見釋迦牟尼，釋迦牟尼應該也會讚嘆不已吧！如果可以得到釋迦牟尼的稱讚，那就實在太光榮了。」

於是，摩訶密便帶著幾個女兒來找釋迦牟尼。

沒想到，釋迦牟尼卻對他說道：「我覺得你的女兒們一點都不漂亮。雖然她們的容貌確實很美麗，但是人世間還有比這美麗許多的東西，那就是心靈之美。我認為，心靈端正、不說惡語、不起邪念，這才是真正的美麗。」

相信多數人都希望自己的容貌美麗、英俊，甚至把外表當作判斷一個人的標準之一。

但是，正如釋迦牟尼所說，真正美麗並不在於容貌的美醜，也不在於姿態的優雅與否，真正的美麗，在於一個人的心靈是否美善。

所謂「相由心生」，是否擁有純潔的心靈，才是一個人能否堪稱「美人」最重要的關鍵。

如果空有美好的外在，卻懷著一副蛇蠍心腸，那麼長相再美的人，看上去都會變得醜惡無比。

快樂不一定要靠金錢堆砌

所謂快樂，其實就是知足、心靈充實而已。只要擁有一個自認為愜意的生活方式，那麼富不富有又何妨？

二十世紀時，美國化學家卡羅瑟斯發明了革命性的纖維材質——尼龍，使得紡織品有了重大的突破。

卡羅瑟斯所屬的杜邦公司為了挽留這位天才化學家，於是和他簽訂了一張條件十分優渥的合約。合約內容指出，無論卡羅瑟斯這一生中到哪個國家旅行居住，包含住宿等所有的一切生活支出，都由杜邦公司全部承擔。

杜邦公司實在害怕卡羅瑟斯被其他公司挖走，也害怕萬一得罪他，他會把秘方洩露給其他的競爭對手，導致公司遭受到鉅大的損失。更何況，與卡羅瑟斯帶來的利益相比，就算是承擔他一輩子的所有生活費，還是很划算。但是，本應人人稱羨的卡羅瑟斯，卻選擇在四十一歲的時候結束自己的生命。

不妨再看看以下這個小故事，也許這個故事可以讓人更清楚的明白，所謂的「幸福」到底是什麼。

在一個南方的國家，有個美國人和一個當地人。

當地人經常在椰子樹底下睡午覺，美國人十分看不過去，於是有一天終於開口勸他：「你為什麼這麼懶惰呢？如果你肯好好工作，就可以賺到錢，這一樣來不是比在這裡睡覺更好嗎？」

當地人看著美國人，問道：「我賺錢要做什麼呢？」

「你可以把錢存到銀行裡，那麼就可以有更多的錢。」美國人說。

當地人再問：「那當我有了更多的錢之後，又要做什麼呢？」

「你可以蓋一幢很棒的房子。如果你又賺了錢的話，那就可以在溫暖的地方蓋一座更漂亮的別墅。」美國人說。

「有了漂亮的別墅又怎樣呢？」當地人還是無法理解。

「那你就可以在漂亮的別墅庭院裡種棵椰子樹，並且在椰子樹底下睡午覺！」美國人答得理所當然。

「但我一開始不就是在椰子樹下睡午覺了嗎？」當地人笑著說。

多數人就跟這個美國人一樣，總認為賺了錢之後，自己一定會更快樂。事實上，真正的快樂能不能用金錢來滿足呢？答案相信卡羅瑟斯已經告訴我們了。

所謂快樂，其實就是知足、心靈充實而已。

只要顧及基本的溫飽，能與家人時時共處，以及擁有一個自認為愜意的生活方式，富不富有又何妨？

節約就是最佳的致富之道

有錢人除了懂得賺錢，更比別人懂得節約不浪費。平時總是隨意浪費的人，必定不會有什麼大作為。

據說，日本明治時代有一個白手起家的富豪。雖然他十分富有，但不知道為什麼，平時卻堅持穿著草鞋出入各個大臣的官邸，或是其他高級的處所。

有人覺得很奇怪，於是問他原因，他卻回答：「這是我母親的叮囑，我必須遵守。」

原來，富豪的母親在孩子成了富翁以後，還是經常自己編草鞋穿，而且也經常要求自己的孩子穿上草鞋。因為她認為，即使環境已經十分富裕了，也不應該忘記從前的貧苦日子，隨意的奢侈浪費。

另一個關於節儉的故事，則是發生在美國。

有一個人前去請求美國一名大企業家，請他為慈善事業捐款。

當他進入企業家的家中時，卻正巧聽見企業家正在訓斥傭人：「明明只要一點點就夠了，但是你卻用了這麼多，這是為什麼？」

那個人心想，到底為了什麼事情，要這樣大聲責罵傭人呢？仔細一聽之下，才知道原來是為了一點漿糊。

這個人當下覺得，連漿糊都如此斤斤計較的人，大概也募不到什麼捐款了，但是既然都來了，還是不妨一試吧！

沒有想到，企業家一聽聞他的來意，居然豪爽地捐了五千美金。

這人大感不解，於是將自己的疑問告知企業家，企業家卻回答他：「我就是因為平時連一點漿糊都不捨得浪費，因此才有能力為別人捐獻自己的一點微薄之力呀！」

「積少成多，積沙成塔」，這個道理人人都懂，但卻不見得人人都能徹底落實。

很多人或許會覺得奇怪，為什麼一樣的條件之下，有的人就能夠存下一大筆積蓄，而自己辛苦了幾年卻依舊兩手空空呢？說到底，其實就是日常生活中能不能做到「不做無謂的浪費」而已。

有錢的人除了比別人懂得賺錢，更比別人懂得節約不浪費，平時總是隨意浪費的人，必定不會有什麼大作為。

如果可以徹底做到「當用則用，能省則省」，那麼在日積月累之下，想必每個人都可以積攢出一筆不小的財富。

外貌不是評判他人的標準

很多人經常以一個人的外貌、穿著來判斷對方，但是單靠一個人的外表，並不能判斷出那個人的真正價值。

據說，日本高僧一休有一次受邀前往一位富翁家裡講授經文。

就在剛到的前幾天，一休剛好經過富豪家門前，於是便想順路進去看一看，但由於看門的人並不認識一休，見他穿得很寒酸，認為他是乞丐，很不友善的盯著一休。

「喂，你這個乞丐，要飯的話就到後門去。」看門人傲慢的說。

一休回答：「不，我只是有點事想要見一見你們的主人。」

看門人依舊十分不屑：「別傻了，像你這樣的乞丐，我們主人怎麼可能會見你呢？」

「你的職業就是看門吧！把客人帶到主人那裡，難道不是你的職責嗎？你只要進去通報一下，說有人想要見主人就行了。」一休說。

但最後，一休還是被看門人狠狠的拒絕了。

第二天，一休身穿紫色的華麗法袍，帶著弟子們又來到富豪門前，而這一次看門人卻低著頭，恭恭敬敬的請他們進去。

「昨天我來這裡受到很不錯的招待呢！」一休一邊往裡面走，一邊對主人說道。

「什麼？您昨天來過嗎？」主人十分驚訝。

「是啊！我對門口看守的人說有點事情想見您，而看門的人卻說：『像你這樣的乞丐，我們主人怎麼可能會見你呢？』」一休說道。

主人說：「真是抱歉，我完全不知道這件事。但是為什麼您不告訴看門人您的姓名呢？」

一休聽了，便當著主人的面脫下紫色法袍，並說：「對你來說，有價值的不是我，而是這件紫色的法袍，脫掉法袍的我，就什麼價值也沒有了。既然如此，乾脆請這件法袍幫你講解經文吧！」

很多人經常以一個人的外貌、穿著來判斷對方，但是，單單依靠外表，並不能判斷出那個人的真正價值。

真正的智者、仁者，就算長得再醜，穿著再寒酸，同樣無損於他的智慧；相對的，愚蠢、殘暴的人，即便長得再怎麼美麗，穿著多華美的衣服，也不能讓他變得仁慈聰明。

一個人真正的價值所在，應該是他的內在人格才對。

眞愛，無須回饋

真正的愛，難道不是不求回報的嗎？如果對他人的付出是為了有所求，那又怎麼稱得上是真正的愛呢？

有個人家中養了一隻既漂亮又聰明的貓。每次出門的時候，這隻貓都會送他出門，回家的時候也會來到玄關迎接。

有一天，天氣特別寒冷，主人有事外出，到了傍晚才回家，貓咪卻沒有像往常那樣出來迎接。走進屋子裡一看，只見貓咪正在地上睡覺，但任憑主人怎麼叫喚都沒有反應。

主人非常擔心，心想：「該不會生病了吧？」於是連忙拿食物放到牠的嘴邊誘食，但牠竟然一張口就把主人的手指咬傷了。

主人一看到手指流血，十分生氣，一邊大罵牠不知感恩圖報，一邊狠很掐住貓的脖子，恨不得把牠殺死。

這時候，一旁的妻子趕緊出來阻止，並且說：「我看你根本不是真的疼牠，否則，又何必處處以恩人的身分自居呢？」

主人聞言，這才驚覺自己剛才犯了什麼樣的錯誤。

確實，我們經常認為自己對對方付出這麼多，對方也應該有同等的回報。一旦沒有預期中的回饋，心裡不免會忿忿的想：枉費我這麼疼愛他，關心他，對他這麼好，他不應該這麼對我。這也就是貓主人如此生氣的原因。

但是，真正的愛，難道不是不求回報的嗎？如果對他人的心意與付出是為了有所求，那又怎麼稱得上是真正的愛呢？

成功，只屬於堅持到底的人──

對於任何事，尤其是寄託了無數心血的事業，也必須堅持努力，最後才有可能成功。

從前，日本有個人名叫大橋宗桂，是個善於下棋的棋中好手。事情，要從大橋宗桂在德川家康面前打敗了象棋高手本因坊算砂，被稱為「當代第一」開始說起。

在這場棋局中，本因坊算砂一開始便不斷的強烈猛攻，在大家看起來，都認為大橋宗桂比本因坊算砂要遜色多了。

「大橋宗桂到底什麼時候會棄子投降呢？」德川家康也在一旁全

神貫注的看著棋局。

但是大橋宗桂卻一動也不動的坐著思考。

時間不停的流逝，很快的，一刻鐘、兩刻鐘過去了，他還是雙臂交叉，兀自深思著，一動也不動。

德川家康覺得很沒有意思，於是決定先去洗個澡，可是回來一看，一切卻還是和剛才一樣，大橋連一步都沒有走。

「剩下的明天再繼續吧！」德川家康實在受不了了，一邊這麼說著，一邊站起來打算走了。

「實在是對不起，但請讓我再下一會兒。」大橋宗桂一邊拉住將軍，目光始終沒有離開棋盤。

好不容易，他終於開始攻勢，並且一口氣下了將近三十步左右的妙招，最後順利將本因坊算砂打敗，本因坊算砂雖然非常懊悔，但也無可奈何。

「天底下所有事其實都一樣，不能太早放棄，肯不肯下工夫和毅力是否堅定果然很重要。您為大家上了很重要的一課。」德川家康非常佩服，大力稱讚大橋宗桂，並且給了他許多財產和下人，讓他在將軍府裡住下。

美國的鐵道大王哈利曼曾經感嘆：「有太多人就是因為無法繼續忍耐而放棄，使得原本大有可為的事變得沒有意義。」

確實，懂得忍耐、擁有堅持不放棄的決心是很重要的。要知道，那些原本不起眼的石炭，就是因為一直甘於被埋藏在地底下歷經千百萬年鍾煉，最終才會變成奪目耀眼的鑽石。

同樣的，對於任何事，尤其是寄託了無數心血的事業，也必須堅持努力，最後才有可能成功。

品格才是決定人生的關鍵

知識經驗或許還可以靠著平日學習、吸收不斷增加；品行在發展成熟後卻往往難以改變。

話說某一次，知名的紐約伍爾沃斯公司積極向外徵求一名管理人員，在眾多的應徵者當中，不乏許多帶著優秀推薦信的人前來。但是，最後錄取的卻是一個沒有學歷，也沒有任何推薦信的年輕人。

根據主考官事後的描述，這個年輕人之所以在沒有推薦信的情況還能被錄取，是因為他的行為本身就足以讓人清楚理解他的為人了。

原來，當他在外面的座位上等待的時候，抬頭看見有位行動不方便的老人，立刻二話不說把座位讓給老人，由此可見他是一個熱情而且溫柔的人。而且等候時也絲毫沒有爭先恐後的意思，一直規規矩矩的等著輪到自己。

另外，當他一進入房間，立刻就先把自己鞋子上的灰塵擦掉，進了房間後，關門的動作也十分輕巧，幾乎沒有發出一點聲響。由此可見他是一個很細心的人。

當他進入房間，還先脫了帽子向在座的主考官們行了個禮，過程中回答問題也很乾脆俐落，由此可見他是一個很有禮貌，也重視禮儀的人。雖然他的服裝很普通，但是卻很乾淨整齊，頭髮梳得整整齊齊的，牙齒白淨，在簽名的時候，更是讓人清楚看到，他的指甲裡沒有一丁點污垢。

由於伍爾沃斯公司知道，只有在平時一言一行當中能充分表現出良好品行的人，才會是真正有所作為的人才，因此毫不考慮便錄取了這名毫無學歷與背景的年輕人。日後，這名年輕人果然不負眾望，在工作上有著十分出色的表現。

在這個知識教育水準逐步升高的今日，處處都重視學歷與經歷，但很多人卻往往忽略了品德的重要性。

一個人的品格所觸及的層面，從外在待人處事的一切舉止，到內在道德意識的判斷，無一不受影響。要知道，知識經驗或許還可以靠著平日學習、吸收不斷增加，但所謂「江山易改本性難移」，品行在發展成熟後卻往往難以改變。

你說，努力就能擁有的學歷，與內在根深柢固的性情相比，究竟孰輕孰重呢？

要時時心存感謝

自由、方便的生活確實給予我們很多物質上的好處和快樂，
但同時，我們失去的東西也變多了。

近年來，由於物質充裕，社會福利機制也進步不少。

但是，很多人在接受別人的幫助時，卻逐漸變得不知心存感謝，甚至認為別人的給予是理所當然的，一旦得不到預期的支援或幫助，就開始怨天尤人。

相較之下，在過去那個物質非常匱乏的時代，任何一點東西都十分可貴。不管是一粒稻米還是一顆水果，都會讓人視為珍品。這種感

受，相信習慣安逸的現代人絕對無法想像。

如今，我們只要付了錢，就可以得到自己想要的東西。甚至許多困難、骯髒的工作，只要一按鈕，先進的機器便會代替人類完成。

這就好像登山，當我們攀登到海拔數千公尺以上的高山時，就會迫切感覺到空氣的可貴，但是在山下，卻幾感覺不到空氣的存在有多麼的重要。生活過度安逸的結果，也讓現代人失去了很多寶貴的東西。例如，辛苦勞動之後所獲得的那種喜悅。

自由、方便的生活確實給予我們很多物質上的好處和快樂，但同時，我們失去的東西也變多了。

雖然現在幾乎人人都能過著衣食無虞的生活，但是，對於這種缺乏感恩心，將幸福視作理所當然的生活態度，我們是不是應該有所反思呢？想必在你的心中，早已有一個明確的答案了吧！

PART 2

負面情緒只會帶來負面效應

坦然接受現實，好好過日子，
用更多努力彌補先天環境的不足，
日子才會變得更充實、更積極，
心靈上也更能得到滿足。

共榮共存，才是圓融的處世之道

「與人為善」是做人處事最基本而重要的道理，過分排除異己的後果，往往就是自我毀滅。

公司裡最近新設了一個「投書箱」。

投書箱一設置好，主管便對大家宣佈，不管是對公司內部的設備，還是同仁們的工作情況，或者對上司有什麼意見與要求，任何事都可以寫信投到這個信箱裡。

最重要的是，全公司只有董事長有這個箱子的鑰匙，所以投書者的名字與內容絕對不會外流，而且，公司也會把大家的意見作為日後改進的重要參考。

剛開始的兩三天，大家的反應似乎並不熱烈，但到了第五天，卻傳出已經有人投書的消息。

沒幾天，根據秘書的透露，董事長已經拿到這封十分冗長的意見書，並且正在仔細研究中。

消息一出，公司內部的氣氛頓時變得非常緊張，員工們個個都人心惶惶，深怕自己會是被投書的對象。

不久之後，一個年輕員工突然被解雇，緊接著又有人說，他就是那個投書的人。

又過了一陣子，董事長終於公開提起這件事。

原來，這封意見書的內容全都是人身攻擊和自我辯解。董事長認為，這樣的人待在公司，會讓內部的人際關係變得十分緊張，因此才決定開除這名員工。

為人處事，若是對自己過分自信，認為別人都是阻礙自己的人，往往會更容易遇到挫折，甚至導致失敗。

在森林中有一棵小樹苗，有一天，它拜託鋸子：「鋸子呀，你能不能幫我把周圍的大樹都砍掉。我想充分享受陽光的照耀，想充分伸展我的根，但是這些大樹卻阻止我的成長。」

於是，鋸子就把周圍的大樹都砍掉了。小樹苗高興極了，也開始自由伸展自己的根。

但是有一天，森林中突然颳起了陣陣的大風，沒多久，小樹苗就因為缺少大樹的庇護被風颳倒了。

許多人不懂得何謂共存共榮與團結合作，反而認為周遭的人是妨礙自己向上爬的絆腳石，因此不斷的非難和攻擊他人，想要藉此提高自己在團體中的地位。

但是，過分排除異己的後果，往往就是自我毀滅。

人是群體的動物。要知道，沒有人可以只靠著自己便一步登天；尤其在如此複雜，必須分工合作的社會中，如果沒有人從旁給予幫助，幾乎不可能生存得下去。

「與人為善」是做人處事最基本而重要的道理，如果可以與他人和平共處，不管做任何事，所獲得的幫助也會更多，過程也會更順利。

更何況，並不見得人人都會是自己的敵人，我們又何必時時張起刺猬般的外表見人就刺呢？

懂得惜福，才會更幸福

人人比人只會氣死人，能珍惜自己所擁有的，並且懂得知足常樂的人，才會是最大的贏家。

有個婦人，婚後一直非常渴望能生個兒子，以鞏固自己在家族裡的地位。好不容易終於如願以償，於是她整天帶著兒子四處炫耀。

沒多久，丈夫的小妾也生了個兒子，婦人感到地位受威脅，覺得必須再生第二個兒子，奪回丈夫的疼愛，便四處打探生男孩的秘方。

這天，一位老婆婆對她說：「其實生兒子很容易，只要先殺掉妳兒子，用他的血來祭拜天神，如此一來，就可以再得到一個兒子了。」

婦人對老婆婆所說的話深信不疑，一回到家，就從廚房拿起菜刀，往兒子的床走去。

褓母見狀，十分錯愕的問她究竟要做什麼，婦人便將老婆婆的話一字不漏的轉述。

褓母聽完，立刻搖搖頭說：「哎呀！哪有這種事？妳好不容易才有個這麼健康漂亮的兒子，如果他死了，以後又生不出來，那豈不是連一個都沒有了嗎？將來生不生得出兒子還是未知數，但至少現在有一個，讓他平安長大，未來就不怕沒有人奉養妳啦！」

婦人聞言，忍不住抱著孩子大哭起來。

相較於當下真正擁有的，未來的一切就顯得充滿了變數。

有些人原本有著一份穩定的工作與收入，卻因為貪圖一步登天，妄想著世上真有不勞而獲的生財之道，走錯一步，便賠上辛苦工作的積蓄，甚至傾家蕩產。

說穿了，這都是因為沒有認清現實、不知足的緣故。

曾聽過一個有趣的問題：來到一個美麗的海灘，卻只能帶走一個貝殼，你會馬上撿，還是最後再撿？撿了之後，是馬上轉身離開，抑或繼續找尋？

對生活的不滿足，以及對未來的追求，確實是推動人生繼續前進的動力，但如果為此失去了原有的幸福，未免得不償失。

要知道，人比人只會氣死人，能珍惜自己所擁有，並懂得知足常樂的人，才會是最大的贏家。

名利無法充實心靈

如果每個人都能明白，名與利只能滿足物質，無法充實心靈，就不會有人寧願拼了命，不顧一切的去追求了。

富蘭克林是一個很有才華的人，出生於波士頓一個貧窮的家庭。據說少年時代的他，曾經非常想要擁有一根笛子。

有一天，他突然多出了一筆意外之財，於是想也不想，馬上就來到樂器行，打算買下笛子。

「請你給我一支笛子，我要那種吹起來聲音很好聽的笛子。」富蘭克林對老闆說道。

狡猾的老闆看著眼前一臉單純的男孩，試探的問道：「小朋友，你帶了多少錢呀？」

「我只帶了這些錢。」單純的富蘭克林攤開手掌，把身上所有錢都拿給老闆看。

「很好，這些錢剛好夠買一支笛子。」老闆高興的說。

富蘭克林買了笛子以後，就吹著心愛的笛子回家了，因為心裡覺得很得意，回家後就把一切都告訴父親。

父親聽了，對洋洋得意的富蘭克林說道：「唉呀！真是笨哪，你被騙了！那些錢，都夠你買四支同樣的笛子了。」

父親接著告訴他：「你知道嗎？人們一旦很想要一件東西，往往就會忘了注意它真正的價值，而用高於正常的價錢買下它。這一點，你千萬要記住了。」

這番話，富蘭克林一直深深的記在心裡。從此以後，當他看到沉迷於酒色的人，甚至是借錢去買衣服的人，就會聯想到這件童年往事，並認為，為了一時的快樂與美麗，而付出了這麼多的犧牲，是十分不值得的，這就跟小時候自己買貴了笛子是一樣的道理。

富蘭克林把這條忠告當成自己的人生座右銘。根據這項座右銘，他踏踏實實的生活，發明爐子與避雷針，建設圖書館，鋪設道路，為人類的生活做出很大的貢獻。他並不是一個對金錢十分重視的人，甚至還認為，那些嗜財如命的守財奴實在太過看重金錢的價值了，人生其實有很多事情是比錢更重要的。

富蘭克林根據父親的教誨，領悟到了一項道理，那就是要「主動去工作，不要讓工作成為你的主人」。

如果每個人都能明白，名與利只能滿足物質上的需求，無法充實心靈，那麼就不會有人寧願拼了命，犧牲健康以及與家人相處的時間，甚至鋌而走險，不顧一切的去追求了，你說是嗎？

頭腦清明，才能看清事情

要用一顆清明的心客觀看待所有事，才不至於因為一時主觀的情緒，讓自己陷入盲點，看不清事情的真相。

有一對夫婦，非常希望能生個兒子，但婚後生了三個孩子，全部都是女孩。這一回，妻子又懷孕了，但是丈夫卻認為這次一定又是女孩。妻子聽了丈夫的話，心裡覺得很難過。

沒幾天，突然有一名男子前來拜訪。

「夫人，妳覺得這次會生男孩還是女孩？」男子一開口便問道。

「我怎麼會知道呢？」妻子回答。

「那麼，妳希望是男孩還是女孩呢？」男子又問

「我希望是個男孩。」妻子坦白的告訴他。

男子聽了她的話之後，便說：「不瞞妳說，我擁有神仙賜子的力量，非常遺憾的是，在我看來，妳這次懷的還是女孩。」

妻子聽了覺得很驚訝，連忙問道：「真的嗎？你可以看到我懷的是男孩還是女孩？」

男子說：「我當然知道了。不過，妳不用擔心，現在還來得及補救，只要我用神力幫助妳，肚子裡的孩子就會變成男孩。如果願意的話，我就幫妳祈禱吧！」

「但是，祈禱要花很多錢吧？」妻子猶豫的說。

男子拍拍胸脯說道：「幫助別人是我的職責，錢不是問題。只是，請神仙幫一次忙得要奉上五吊香油錢，這是貢獻給神明的。像妳這樣的情況大概請神仙幫忙四、五次就夠了。」

夫婦兩人討論之後覺得半信半疑，但一想到，如果真能因此生個兒子，還是挺划算的，便高興的請男子為他們祈禱。

終於到了祈禱的日子，法師依照約定來到他們家。

由於這天丈夫在外出途中發現忘了東西，便又返回家裡，當他看見法師把一枚錢幣放在妻子肚子上，嘴裡還唸著祈禱文時，心裡突然懷疑起來。

他看了一會兒，便對法師行了禮，說自己要出去一下。

丈夫出去之後買了幾個豆沙饅頭，並且把裡面的餡拿掉，換成路邊的牛糞，之後回到家裡，拿著那些牛糞饅頭對法師說：「您辛苦了，吃點饅頭吧！」

法師咬了一口，馬上就吐了出來，生氣的對著丈夫咆哮。

丈夫於是對法師說：「你不是法力高強嗎？怎麼連饅頭裡面包著什麼都看不出來呢？」

法師聞言，這才趕緊摸著鼻子跑掉。

莫說從前，就是在現這個科學昌明的社會，還是有許多人寧願輕信莫須有的迷信之說，而不願正視有科學根據的事實，最後導致自己損失慘重，卻後悔莫及。

當然，適度的信仰是一種心靈寄託，但若是過分了，就容易變得盲目，甚至在不知不覺中誤入陷阱。

因此，千萬別忘了，要時時培養敏銳的觀察力，並用一顆清明的心客觀看待所有事，才不至於因為一時主觀的情緒，讓自己陷入盲點，看不清事情的真相。

一旦犯錯，未必能重頭來過——

許多事就如同易碎的玻璃，一旦打破了，就永遠無法恢復本來的模樣了，因此必須認真、小心地看待才是。

有名貴族聽說王宮中有棵奇異的神樹，高聳參天，在地面遠遠就能聞到葉片散發出的香氣，而且每年結果的數量十分稀少，因此特地帶了許多珍寶造訪國王，希望看看這棵神樹。

貴族一看見傳說中的神樹，不禁露出崇敬的神情，問道：「這棵樹如此高大，結出的果實必定也很高，不曉得國王如何摘下來呢？」

「這沒什麼，」只見國王笑了笑，隨即轉頭囑咐道：「叫園丁示範如何把果實摘下來吧！」

原來，園丁養了好幾隻猴子，是專門負責摘取果實的專家。但是，沒想到園丁卻搖搖頭說：「現在還不到結果實的季節，就算放猴子去摘也沒有用。」

國王心想，自己方才都已經誇口了，若摘不到果實，那不是很丟臉嗎？於是便說：「什麼季節不對？想必是園丁偷懶不想工作，故意找理由來搪塞，沒關係，我另有辦法。來人啊！馬上砍了這棵樹。」

斧頭一下下砍在樹幹上，沒多久，大樹就倒了下來，所有侍衛都上前翻找果實，但卻連個影子都沒有。

此時，貴族看國王表情不對，便婉轉的說道：「感謝您的熱情招待，能見到這棵充滿香氣的神樹，實在是沾了國王的福氣呀！我還有一些事要處理，還是下次再來向您請安吧！」

等到貴族出了宮，國王立刻將園丁找來，命令他把樹再種回去。

園丁一見被砍斷在地的神樹，頓時紅了眼眶，哽咽的回答：「若是砍掉我的頭，就算再接回身體上，我也絕對活不了。您看看這棵樹，樹幹既然已經被砍斷，就算再埋回土裡又有什麼用呢？」

就跟被砍斷的樹一樣，雖然有些錯誤，犯下之後還可以彌補，但也有些錯誤，一旦犯了就將造成嚴重傷害，而且再也無法走回頭路。

尤其是在激情的狀態下，更是要適時讓自己冷靜，不要衝動行事。畢竟，很多事情是不容許出錯的，就如同易碎的玻璃，一旦打破了，就永遠無法恢復本來的模樣了，因此，不管做什麼事，都必須要認真、小心的看待才是。

懂得反省，就可以改變自己——

如果願意稍稍停下腳步，給自己一點反省自身的機會，或許這將會成為改變往後人生的一個重要契機！

有個大學教授，平時學生們對他都十分尊敬。

有一天，這位教授把一個生活十分頹廢懶散的學生叫到自己家裡，問他：「你最近有沒有打電話或者寫信給父母呀？」

「偶爾有。」學生回答。

教授又問：「那麼，一個月幾次呢？」

「一兩次吧。」學生歪著頭想了想，說道。

教授聽了，點點頭說：「是嗎？這真是一件好事。那你都和父母親說些什麼呢？」

學生很不好意思的說：「我總是告訴他們我沒有錢花了。」

「那就夠了，當你需要錢的時候，比起向朋友借，還不如向父母親要呢！那你是不是在打電話或寫信的時候，只告訴他們你需要錢而已？」教授說。

「是的。」學生摸著腦袋回答。

這時候，教授的眼神突然變得嚴肅起來，開始教訓學生：「實際上，我今天並不是專程請你來這裡玩的。」

「在接下來的日子裡，你要一個禮拜寫一封信給你的父母，並且要告訴父母親，你早上很早起床，早餐吃了麵包和牛奶，中午在學校吃速食，晚上吃了很豐盛的晚餐。總而言之，不管是什麼大小事情都要一一告訴他們。」

由於學生很尊敬教授，雖然當下無法理解這其中有什麼含義，但還是按照教授說的做了。

學生的父母平時除了接到要錢的通知以外，什麼消息都沒有，這時候卻突然接到孩子的信，信裡告訴他們自己日常生活的一切情況，讓他們覺得非常欣慰，也非常高興，認為孩子真的長大了，開心之餘，還幫孩子寄了他最喜歡吃的東西。

原本，這名學生每天老是玩到很晚才回住處，但由於開始寫信告訴父母親自己的生活，很難老是撒謊，所以也就自然而然的改變了自己的生活習慣。

當他開始反省自己的行為之後，也逐漸了解父母親以及教授的用心，也更認真的上課、唸書。

其實，多數的人往往就是缺少了自我反省的機會和自覺，所以才會走不出頹靡的生活、失敗的框框，越陷越深的結果，就是永遠沒有辦法走出另一條新的人生道路。

因此，不妨經常回過頭檢視自己的生活吧！或許，你會突然發現，自己似乎也在無形之中，深陷在既有的框架裡。如果願意經常稍稍停下腳步，給自己一點反省自身的機會，或許這將會成為改變往後人生的一個重要契機！

深思熟慮，事事才會順利

如果做事缺乏深思熟慮的智慧與冷靜，那麼往往很容易因為衝動而鑄成大錯。

從前有一個小國，經常面臨財政的窘境。

有一天，一名百姓想到，如果可以建造一座鹽廠，賣鹽給鄰近國家的話，一定會為國內的財政帶來很大的收穫。

於是，這個人就帶著同伴們一起去見國王，極力說服國王，自己的想法一定會為國家帶來豐富的營收。

國王認真地聽取了他們的意見，想了一會兒之後，回答道：「嗯，這個想法確實很有趣。這樣吧，你們讓我好好的考慮一下細節，之後我會再通知你們的。」

人民心想，考慮的時間，最多三個月，再不然半年就會有消息了吧！但是，眼看過了一年又一年，還是什麼消息也沒有。

光陰似箭，轉眼之間五年過去了。

「國王當時雖然好像很贊成這件事，但我看其實他只是在敷衍我們吧！」這幾個人彼此這樣猜想著，最後終於死心了。

很快的，到了第十三年，他們卻突然接到國王的邀請。

「你們還記得十三年前，前來申請建造鹽廠的事嗎？我當時聽了你們的想法就覺得很好，但是，我後來認真的考慮了一下，覺得還是有很多問題要解決。」

「首先，鹽廠要煮鹽的話，必需要有很多木材，而木材只能從山上砍伐，但如果砍了太多樹木的話，那麼山就會變成禿山，這樣一來，一旦下起雨，很可能會造成洪災。要是洪災爆發又會毀壞你們的田地。田地如果被毀壞的話，整個國家也就完了。」

「所以，自從那天以後，我就盡力植樹造林。現在，樹木已經佈滿了整個山林，就算你們砍伐樹木，也不會出現我剛才所說的後果了。因此我現在宣佈，允許你們的實現當初的構想，讓你們建造鹽廠。希望你們能夠為了國家的經濟好好努力。」

聽了這番話以後，百姓們對君主的怨懟一下子消失無蹤，反而深深地佩服國王的遠見和深思熟慮。

曾有人說過這麼一句話：「多言是虛浮的象徵，口頭慷慨的人，行動一定吝嗇。」

確實，做任何事情，深思熟慮是非常重要的。

古希臘哲學家伊比鳩魯就曾說：「世上最好的東西就是謹慎，因為它產生所有其他的德性。」

如果做事缺乏深思熟慮的智慧與冷靜，那麼往往很容易因為衝動而鑄成大錯。因此，凡事在行動之前，還是必須先讓自己停下來仔細思考：眼前這一步踏出去，將有可能帶來何種影響？

讓自己有足夠的心理準備與應對措施之後，一旦面臨突發狀況時，才不至於自亂陣腳。

負面情緒只會帶來負面效應——

坦然接受現實，用更多努力彌補先天環境的不足，日子才會變得更充實、更積極，心靈上也更能得到滿足。

有許多人總是忍不住會埋怨世界不公，認為為什麼自己如此奉公守法、拚命工作，卻得不到好的結果？反觀有些人，看起來每天都過得輕輕鬆鬆，什麼事都不必做，卻可以擁有比他人舒適的生活，實在是太令人不平了。

回過頭來想想，小時候，我們都曾對自己無法擁有的東西感到新鮮和嚮往，認為別人的東西一定比自己的好。

隨著年歲的增長，等到交往的人越來越多，見聞也比過去更豐富之後，我們才會慢慢發覺，原來和我們有同樣苦惱的人其實不在少數，他人的生活也未必比我們更加安逸、舒適。

當然，一味羨慕別人，自顧自的埋怨、不滿，甚至產生不平，讓自己變得不快樂，這是人之常情，也是大家都可能面臨的處境。

但是想想，這麼一來，除了只會讓負面情緒影響自己的生活跟工作之外，根本無法改變現狀！

負面情緒只會帶來負面效應，還不如坦然接受現實，好好過日子，用更多努力彌補先天環境的不足，這樣一來，日子才會變得更充實、更積極，心靈上也更能得到滿足。

凡事盡力，就有好成績

不管做什麼事，願意盡多少本分，就能得到多少收穫，即便收穫不是立即的，但也絕不會白費。

有一個生性十分愚蠢的人，有一天受邀前去參加朋友新家的落成儀式。朋友的房子，是一棟三層樓房，在平凡的小農村裡，這樣一座樣式新穎的獨棟洋房可以說是非常少見的，朋友似乎也對自己的新房子感到很滿意。

愚人一見到這棟房子，自然也大吃了一驚，連聲讚嘆不已。於是心想，自己一定也要建一座這樣豪華的房子。

仗著家裡有錢，回家後，他馬上叫來村裡的工匠，要他們馬上造一座三層樓高的房子。

由於這個愚人十分性急，以為房子很快就會建好，才過沒幾天，便趕忙到工地去視察結果了。

他一看到工人正在打地基，覺得非常生氣，於是立刻把工匠們集中起來，訓斥他們：「你們到底在做什麼？我不是說了嗎？我要建的是豪華的三層樓房，你們為什麼反而從地底下挖呢？」

有一名帶頭的工人回答他：「可是，如果沒有在基礎上花力氣的話，那麼房子肯定會倒塌的，而且，接下來還是得從第一層、第二層開始建才行呀！」

聽工人這麼一說，愚人更生氣了，他說：「我不要第一和第二層，我只要第三層就好。你們為什麼不直接從第三層開始建呢？」

在這個世界上，有許多人就像這個愚人一樣本末倒置，無視基礎而一味好高騖遠，卻忽略了一件十分重要的事：如果缺乏穩固的基礎，根本無法締造偉大的成就。

要知道，萬丈高樓平地起，不管做什麼事，願意盡多少本分，就能得到多少收穫，即便收穫不是立即的，但也絕不會白費。至於那些不求務實，整天只想著投機取巧的人，最終就只有失敗的份。

不管做什麼事，全心投入是非常重要的。美國政治家富蘭克林就曾經說過：「盡力做好一件事，實乃人生之首務。」

如果不能專心一意在眼前的事情上，不只過程效率不彰，成功的機率也會大大降低。

擁有自制力，才能提高成功率——

上等人之所以成為上等人，就因為他們十分愛惜自己的心靈，所以才能嚴以律己，朝著目標前進。

當電視新聞宣布克里夫蘭當選總統的時候，監獄裡一名男子突然長長的嘆了一口氣。

「那個人還是當選了，他果然是一個了不起的人。」男子說。

看守的人員覺得很不可思議，於是問他：「你認識克里夫蘭嗎？」

「我們高中的時候，彼此總是佔據班上的第一名和第二名。在畢業典禮上，有人邀請我們去喝酒慶祝，但是克里夫蘭中途就回家了。

而我卻覺得這是最後一次，所以雖然明知道不能再喝了，但還是放任自己繼續喝下去。就是因為這樣，我和他才會有今天的天壤之別。」犯人感嘆的說道。

明明兩個人同樣四肢健全，有著同樣的才能，但是卻擁有差別如此之大的際遇，這其實就跟「自律」的意志力有關。

有人說，下等人往往愛惜自己的舌頭，忽視自己的身體；中等人則是愛惜自己的身體，卻忽視了心靈；上等人之所以成為上等人，就因為他們十分愛惜自己的心靈，所以才能嚴以律己，朝著目標前進。

立志要成就一番事業的人，如果有太多其他無關緊要的瑣事纏身，因而花去太多時間精力，無形中就會分散自己對於目標的專注力。要知道，那些能夠達到成功巔峰的人，往往有著良好的自制力，平素敝衣粗食，但對自己的信念卻堅定不移。

相信上面的故事就是最好的實證。

PART 3

發揮特色，才能發光發熱

每個人都有屬於自己的特性，
只要懂得發揮自己的特色，
往往就會有意想不到的結果。

「輕忽」是人生的大敵

換個角度想，如果現狀無法得到改善，那麼與其整日為此困頓痛苦，還不如接受現實，以輕鬆的態度面對困境。

法國文豪羅曼羅蘭曾經勉勵世人，不要因為聲名或地位而迷失自我，他說：「走那條需要開闢的小徑吧！這是崎嶇的、使人疲勞的，但只有它才能引領你走向高峰。」

我們經常見到一種現象，不少畫家年輕時很認真地作畫，完成了不少傑出的作品。但是，當他們的畫受到畫壇及市場的肯定之後，繪畫的功力卻大不如前了。

其他行業也有相同的象，我們或許可以說，這是因為人一旦成名，有了頭銜和地位，就宛如放下了一些重擔，行事才因此不再那麼戰戰兢兢。換句話說，這可能也是一種迷失吧！

當然，我們也見過有些人即時察覺了這種轉變，於是當機立斷，藉著讓心境歸零的日子來沉澱自己，一段時間之後，他的作品終於再次受到肯定了。

由此可見，「輕忽」是成功的大敵。這個定律並不只適用於成功的人，也適用於芸芸眾生。

不容否認，人不見得都能時刻叮嚀自己、激勵自己。不少人很容易會因為生活中無所羈絆，便讓自己過著接近「自甘墮落、萎靡沉淪」的日子。

如果你是屬於這種人，那麼最好還是不要過著太逍遙自在的生活，盡量和組織之間保持適當的緊密度，藉團體的力量來約束自己，這樣一來或許會比較理想。

一個理想的組織，應該是成員間彼此能夠互相切磋、琢磨和約束，又能使成員充分發揮自己的能力及所長。而一個理想的自由工作狀態，也應該是在極度自由的環境中，懂得適時自我要求。

不過，換個角度想，如果現狀無法得到改善，那麼與其整日為此困頓痛苦，還不如試著接受現實，以另一種輕鬆的態度面對困境。

猶太人不也有句格言說，「如果不能滿足就要改變，但如果沒有辦法改變，就只好接受」嗎？

因此，不管現實究竟能不能如己所願，最重要的還是要讓自己盡可能樂在其中。

心情一旦得到開解，就能夠以正面而積極的態度應對，在這種樂觀的狀態下，做什麼事都更能得心應手。

換個角度想，結果就會不一樣——

當我們遇到問題的時候，若能換個角度重新思考問題，轉個方向再往前，或許事情的結果就會變得很不一樣。

「這錦綢真是漂亮！一定不便宜吧？」一位婦人路過一處賣器皿的攤販，看著用來包裹的布匹說道。

沒想到小販卻指著擺在錦綢上的杯盤器皿回道：「我賣的是這些東西，不是賣我的包袱。」

婦人斜睨了一眼手工粗糙的青銅鐵器，心想：「這些瓶瓶罐罐，看起來既不起眼也不精緻，統統加起來還比不上這匹錦綢的價值呢！」

「那這錦綢你賣不賣？賣的話，開個價吧！」婦人又問。

「不賣不賣，妳聽不懂嗎？我賣的是這些高級器皿，不是這種便宜布匹。」這人說完揮揮手，不再理會婦人。

過不久，一個渾身金光閃閃的員外靠近攤子，小販臉上立刻巴結的笑道：「今天這些可都是上等好貨呀！只要員外您開口，我一定給您最划算的價碼！」

只見員外指著錦綢問：「開價多少？」

「這個？這個不是要賣的東西，那只是裝東西用的包袱而已。您看看這些器皿，都是難得一見的寶貝……」

「你不賣這匹錦綢嗎？」員外又問。

這人搔了搔頭說：「這東西不值錢，您要是願意買幾個器皿，我就把這匹布送您吧！」員外看了看粗糙的器皿，覺得著實沒半分價值，便搖搖頭離開。

一直到傍晚，陸續好幾個人上前詢問錦綢的價碼，而那些器皿始終乏人問津，這人什麼也沒賣出去，只得意興闌珊地收拾包袱回家。

他一邊收拾，嘴巴一邊唸唸有詞：「真怪！我好不容易偷出來的寶貝竟然沒人要，當時隨手抽出的一塊布，卻引來這麼多人詢問，這真是太奇怪了！」

很多時候，事物的價值高低其實是決定於看待者的角度。

由名設計師設計的華麗鑽石飾品，要價上千萬，價碼之高讓人瞠目結舌。但是想一想，若是對在沙漠中缺水的人而言，或許救命的水要比鑽石更加值錢許多。

每個人都有自己的一把尺，用來衡量事物的價值。一張照片、一封信、成就感等等，帶給人的感動，更甚於擁有一顆昂貴的寶石。

從這個錦綢與器皿的故事，我們還可以看見另一件事。

小販眼中值錢的寶貝，在一般人眼中則是不起眼的東西，反倒是一塊隨手帶走的布吸引著眾人的眼光。究竟該說是大家不識貨，還是小販有眼無珠呢？

就如同前面所說，任何東西的價值都是來自於人的賦予。如果小販懂得把握機會，重新賦予錦綢價值，想必情況就會有所不同。

同樣的，當我們遇到問題的時候，並不一定要堅持死板地照著預期的設定走，若能換個角度重新思考問題，轉個方向再往前，或許事情的結果就會變得很不一樣。

發揮特色，才能發光發熱

每個人都有屬於自己的特性，只要懂得發揮自己的特色，往往就會有意想不到的結果。

人生在世，超過一半以上的困擾和煩惱，其實都來自於我們自以為生活不可能像自己想像中那樣簡單，因此才會讓自己陷入自尋煩惱、自作自受的心靈禁錮之中。

有個故事是這樣的：

一個男孩喜歡上一位氣質出眾的女孩，為了能讓彼此有共通的話題，熱愛運動的男孩決定改變自己，開始每天跑圖書館。

只是，兩人認識了好長一段時間，女孩總是只和他保持普通朋友的關係，男孩告白多次，卻都吃了閉門羹。

終於有一天，男孩決定放棄，離開圖書館，重新回到球場上過他汗水淋漓，但豪放自在的生活。

沒想到，這位氣質美女卻開始出現在籃球場邊看他打球，沒多久，兩個人便手牽著手同進同出。

原來，女孩早就喜歡上男孩了，但是因為男孩越來越常跑圖書館，變得不太像原來的他，才一度讓女孩覺得很不自在。

在許多情況下，我們就像故事裡的男孩那樣，試圖改變原來的自己。可能是為了「跟他人一樣」，也可能是為了其他原因。

但是，一個人的特質，往往有著獨一無二的特性，他人想模仿也模仿不來，想改變也改變不了。若是一味強求，最後只可能落得畫虎不成反類犬的窘境。

美國哲學家愛默生就曾經說過：「你可以強調你自己，但是絕對不要模仿他人，藉著他人的才能，你並不能獲得完整的妙策。要知道，一個能成為跟莎士比亞一樣偉大的人物，並不是由於研究莎士比亞而產生的。」

不管是為了什麼原因，我們實在不必硬是勉強自己有所改變。必須明白，每個人都有屬於自己的特性，每個人的特質也都是與眾不同、獨一無二的，最重要的，是要懂得發揮自己獨有的特色，如此才能真正發光發熱。

無謂的相爭，只是浪費時間——

有限的生命，就應該浪費在美好的事物上，做些對自己有意義的事，才是聰明人會做的聰明事。

炎炎夏日又到了，沙地上的翠綠藤蔓也爬出了消暑解渴的曼妙姿態，長著好幾顆深翠淺綠且條紋分明的西瓜。

一個路人經過瓜田的時候，看到許多圓綠的西瓜，忍不住摘下一顆，並東張西望的想找個方法剖開它。這時候，他瞥眼看見路旁有顆光亮圓滑的大石頭，於是毫不猶豫抱著西瓜走過去。

只見路人雙手拿著西瓜，重重地往石頭敲。見瓜皮未破，又再次高高舉起，重重砸下，但西瓜皮依舊完好如初。

這時候有個農夫經過，正巧見到路人退後十步，接著抱起西瓜衝到大石頭前，使盡渾身力氣往下壓的這一幕。

「啵」的一聲，瓜皮終於應聲裂開，路人於是高高興興地捧起西瓜，邊吃邊走遠了。

待農夫靠近一看，那顆「石頭」竟然是個頂上無毛的男子，忍不住大驚道：「天啊！居然是個活人呀！」

這時男子開口了：「是啊！有什麼問題嗎？」

「你怎麼就這樣任人打頭？不痛嗎？」農夫驚訝地問。

男子大聲回答：「痛呀！當然痛。」

「那你為什麼要乖乖讓那個人打呢？」農夫覺得很奇怪。

男子氣沖沖地回答：「哼！那是他不長眼睛，把我這好端端的頭看作石頭，我幹嘛要主動告訴那個笨蛋呢？」

不論在職場、婚姻或交友上，許多「冤家」的產生，往往就是由於「不甘心」，衝著「人爭一口氣」的念頭，寧可就這麼你來我往，誰也不讓誰，落入不利人也不利己的惡性循環中。

當我們一心想著「誰先認輸誰就是笨蛋」的時候，又有誰得到好處了？真正的笨蛋又是誰呢？為了合不來的人「賭一口氣」，卻賠上自己的青春時光與氣力，多不划算呀！

有限的生命，就應該浪費在美好的事物上，做些對自己有意義的事，開開心心過生活，而不是在無謂的「爭一口氣」中，浪費彼此的時間，這才是聰明人會做的聰明事。

懂得樂在其中，就能得到更多——

不成功，未必代表什麼都沒得到。只要能夠樂在其中，從過程中獲得的經驗與愉悅感，往往勝過最後的結果。

村子裡有個年長的老人，誰也不記得他原來的名字，但只要提起他「一半仙」的稱號，每個人都能洋洋灑灑列出一串事蹟。

根據跟一半仙同輩的村民說，一半仙小時候十分聰明，常常讓私塾老師誇獎，一開始他也十分認真地把《三字經》、《論語》……等古籍背得爛熟。

但是有一天，他突然看見老師打開的書櫃上面，擺著許多琳瑯滿目的書冊，當下便決定，既然自己背不完那麼多書，從隔天開始，乾脆就不上課了。

長大後有一次，有人開口向他借錢，一半仙大方地問他要借多少錢，那人回答：「三千塊。」

一半仙聽了之後，又馬上搖搖頭說：「我的錢不夠，所以沒辦法借給你。」

那人連忙改口，說一千塊也可以，但此時一半仙卻嚴肅地告訴他：「不，我既然拿不出三千塊，只有一千塊也不夠幫你的忙呀！」

還有一年，一半仙跟一位村民一起到隔壁村子進貨，沿途都沒有水源，同行的每個人都渴得要命。

好不容易到達鄰村外圍的小河，大家紛紛衝上前去捧水狂飲，此時，一半仙卻動也不動地杵在河邊。

同伴問他怎麼不喝，只見他一臉惋惜地回答：「這條河水的水太多，我喝不完，與其喝不完浪費，不如就不要喝了。」

不久後，一半仙突然開始吃素，眾人打探之下才知道，原來，他認為植物比較小，要吃多少就摘多少，動物體型太過龐大，吃不完會浪費，所以乾脆不吃。

就這樣，一半仙種種讓人啼笑皆非的事蹟逐漸傳開，成了附近村民茶餘飯後的笑談。

因為吃不完、喝不完，所以就乾脆不吃不喝，這聽起來的確有點讓人啼笑皆非。

但若是仔細想想，許多人因為害怕無法完成某件事，或是害怕過程中遭遇失敗，所以乾脆不去嘗試的心理，不也正和一半仙有著異曲同工之妙嗎？

不管做什麼事，能成功當然最好，但若是不能成功，也未必代表什麼都沒得到。事實上，只要能夠樂在其中，那麼從整個過程中獲得的經驗與愉悅感，往往勝過最後的結果。

不要因為畏懼自己沒辦法做到最好，而不去嘗試，也不要因為前面的路看起來崎嶇不平，就挑選平坦大道。

最重要的，是要選擇一條自己喜歡的路，並堅持到底，即使沿途會有許多困難，但說不定會因此而發現令人驚奇的體驗。這樣的旅程，比起簡單易行卻乏善可陳的大道，不是來得更有趣嗎？

物質永遠比不上溫暖的親情

給孩子最好的物質生活，還不如給他更健全的親情與一個充滿愛的家庭，這才是最重要的。

自從國王答應神醫不見公主開始，到今年正好已屆十二年的期限，臣子們紛紛上前恭賀國王。

國王滿臉期待，連向來嚴肅平板的嘴角都微微上揚，心裡一邊想，公主長大後一定像她母親一樣美麗。

原來，由於公主剛出生時，國王就迫不及待想見到長大成人後的她，才特地找來傳說中的神醫，請他調配一份能讓公主快速成長的藥。

沒想到，神醫卻告訴國王，快速成長的藥用完了，必須再重新採集，並且要求國王，在自己採藥的這段時間內不能跟公主見面，不然醫術就會失效。

到了約定的日子，神醫果然帶著美麗的公主出現在皇宮，公主低著頭，不時抬頭偷看父親的模樣，嚴肅的國王也忍不住熱淚盈眶。

國王十分高興，告訴神醫：「您的醫術真是無人能及，想要多少報酬，儘管開口。」但是神醫卻只要求國王派人送自己歸山。

一日，國王好奇地問公主：「神醫究竟給妳吃了什麼藥呢？」

公主笑瞇瞇地回答：「是『時間』呀！我每天一邊吃飯，還一邊想像著父親長什麼模樣呢！」

身處現代社會，在經濟壓力下，許多雙薪家庭的父母只能將孩子交給保母或托兒所，自己則終日忙著多賺點錢，希望生活能更穩定，日子能更好過。

在這種情況下，多數父母往往也忽略了陪伴孩子成長的重要性。

孩子成長的每個階段轉眼都會成為回憶，從爬到走到跑，從牙牙學語到口齒伶俐，從小不點到比父母親更高，每一幕都是不會重新上演的珍貴畫面。

孩子最需要的，是父母經常的關心與問候，不單單只是物質的提供與匆忙之中未達於心的言教。

與其給孩子最好的物質生活，還不如給他更健全的親情與一個充滿愛的家庭。畢竟對孩子來說，比起物質享受，能否經常體會家人相聚的溫暖，反而更為重要，你說是嗎？

懂得反省，才能有所進步

具有成就的人不一定都是天才，但他們都懂得時時用客觀的角度自我省察，發現自己的錯誤，然後確實改正。

黃昏，河邊一個船夫正打算撐船渡河回家，恰巧瞥見遠方有個男子朝自己走來。

男子剛抵達，便氣喘吁吁地開口：「我剛搭船過來的時候，只花了兩文錢，你可別想趁機坑我！」

船夫愣了一下，自己撐船這麼久，還沒聽說這麼低的價錢，這男子分明是想佔他便宜。一想到這裡，他的心裡就十分不舒服，但反正自己也是要順路回家，能多賺一點是一點。

船夫不發一語地撐船，沒多久，男子卻自顧自地說起話來。

「今天真是倒楣！半個月前借人半文錢，那人遲遲不還，害我還得出門討債，早上搭船花兩文錢，中午吃飯花五文錢，下午搭船又花了兩文錢，來去就花了我九文！」

船夫好奇地問：「你為了半文錢，結果花了九文錢去討債？」

「對呀！真是不值得。跑這麼一趟，結果連人都沒找到，下回還得再去一趟。」

到了對岸，男子便掏了兩文錢給船夫，船夫收下之後，又拿出半文錢還給他。

男子驚訝地看著船夫。

「我實在不想替你這個小氣鬼撐船，這就當作是那個人還你的債吧！當然，如果你想給我九文錢，我也很樂意收下。」船夫說。

男子立刻大聲笑道：「傻子！哪有人會拿九文錢去換半文錢的，你當我是笨蛋嗎？我才不會上當呢！」

這名男子究竟是不是笨蛋，想必不言自明。

其實，許多人也是一樣，經常悶著頭做了傻事還不自覺，繞了一大圈的冤枉路，卻執意堅持自己是走在正確的方向。

國外有句諺語是這麼說的：「懂得自己無知，說明你已有收穫。」

看看所有具有成就的人，他們不一定都是天才，但卻都懂得時時用客觀的角度自我省察，發現自己的錯誤，然後確實改正。也只有這樣的人，才真正擁有成功的特質。

用對方法，就能更接近成功——

做事首重方法，而非盲目地往前衝。只要用對方法，不只效率可以提高，失敗率也會大大降低許多。

有個男子因為做事認真，國王於是賞他一隻死駱駝。男子十分高興，因為駱駝的皮跟肉都可以賣到好價錢。

但是，正當他回到家，打算剝皮時，卻發現家裡的刀鈍得不得了。男子上樓磨了一會兒刀之後，便想下樓試試看鋒利度。

就這樣，他從家門口到樓上來回不停地跑，弄得自己滿頭大汗，但駱駝身上卻連條印子都沒留下。鄰人覺得很奇怪，問他在幹什麼。

男子解釋，因為磨刀石放在樓上，所以必須不停上樓磨刀。

鄰人聽了，便建議他：「這樣實在太辛苦了，還是想個簡便一點的方法吧！」

男子聞言沉思了幾秒，最後用力拍了一下手掌，一邊感謝鄰人的提點，一邊轉身從屋裡拿出一條大麻繩，一端綁在駱駝身上，打算直接將駱駝拖上樓。

鄰人見狀，忍不住大笑：「明明用一隻手就能把磨刀石拿到樓下，你怎麼就是想不透？比起把駱駝搬到樓上，這兩者耗費的力氣不是差很多嗎？」

只要能掌握訣竅，無論做任何事，必定不會太困難，但如果只懂得蠻頭苦幹，不曉得動腦思考，往往只是白費力氣而已。

做事首重方法，而非盲目地往前衝。只要用對方法，不只效率可以提高，失敗率也會大大降低許多。

找對問題，才不會白忙一場

如能理清事情的來龍去脈，自然就能判斷出問題的重點，一旦要著手解決，也就不至於摸不著頭緒，白忙一場。

很久以前，有個人搭船出海，一不小心將手中正在把玩的銀杯掉入水中，這人馬上拿起長劍在落入的水面上劃了個記號，心想：「銀杯是從這裡掉下去的，我已經在這裡做上記號，將來可以依著記號下去打撈回來。」

如此經過了兩個月，這人走過許多地方，最後旅行到某個國家。有一天他看到一條河流，突然不發一語地跳入河裡，路人看了覺得很奇怪，便問他原因。

「我在找我掉的銀杯。」那人一邊在水裡摸索，一邊回答。

「什麼時候弄掉的呢？」路人又問。

那人回答：「大概是兩個月前吧！」

旁人看他這樣賣力，也跟著捲起褲管下水幫忙。從清晨到黃昏，太陽將河水染成金黃，每個人都已經汗流浹背，但一整天忙下來，找到的除了石頭，還是石頭。

其中一個人終於疑惑地開口問道：「河裡真的有銀杯嗎？究竟是掉在哪裡呀？」

失主苦惱地回答：「記得兩個月前剛出海的時候，銀杯掉落在水裡，我馬上就在水面做了記號。這裡的水跟那時候做過記號的痕跡很像，所以我才會跳下來找呀！」

看來，在發揮助人的美好天性前，最好還是先弄清楚事情的本末終始，才不至於像故事中的路人一樣碰了一鼻子灰，白費力氣。

很多時候，許多人就像這個掉了東西的人一樣，搞不清楚問題的重點，自以為在水面上做記號是聰明之舉，殊不知，這不過是更暴露出自己的愚蠢罷了。

美國哲學家杜威曾說過：「知道什麼叫『思考』的人，不管他是成功或失敗，都能學到很多西。」亞歷山大也曾說：「有些人正是因為判斷力太弱，所以始終無法成功。」

這兩句話，清楚說明了「思考」與「判斷」的重要性。

遇到問題時，思考與判斷是很重要的一項步驟，能夠理清事情的來龍去脈，自然就能判斷出問題的重點，一旦要著手解決，也就不至於摸不著頭緒，最終白忙一場。

PART 4

有缺陷，才顯得更親切

人是不可能近乎完美的，
甚至，有一些小缺點的人，
才更有「人味」，
也比較容易被他人所接受。

知足就會帶來幸福

所謂的幸福，並不一定要靠華服美食、豪宅莊園來堆砌，只要懂得知足，其實幸福經常就在自己的身邊。

有一對夫婦從年輕時就一同打拼奮鬥，白手起家，好不容易終於有了一點成績。

對一般人來說，一旦富有了之後，往往很容易忘了過去的窮困，甚至沉迷於奢華，但是這對夫婦卻沒有如此，他們還是像以前一樣在店裡面認真的工作。

尤其是妻子，對一般女人嚮往的漂亮服裝和飾品完全不感興趣，一心專注在事業上。

丈夫非常感激妻子的賢慧，因此經常勸她買一些漂亮的衣服和飾品犒賞自己。

「確實，想到我們以前這麼辛苦，花這一點錢好像算不上奢侈，更何況，哪有女人不想要漂亮的衣服呢？事實上，我都偷偷把這些漂亮衣服藏在衣櫃裡了。」妻子說。

丈夫十分驚訝：「真的嗎？」

妻子於是帶丈夫來到衣櫃前，看她的「新衣服」。

但是，當丈夫打開衣櫃，卻連一件新衣服也沒看見，裡頭只有一些寫著字的紙條。

妻子笑著對滿臉疑惑的丈夫說：「我經常看到許多從我們家門前走過的女人，每個都打扮得很漂亮，自己也很想馬上買下一樣的衣服。但是當我想到以前的艱苦的日子，就打消了這個念頭。所以，我就把這些小小的慾望寫在字條上，放在衣櫃裡，這樣不就和擁有那些新衣服一樣了嗎？」

詩人歌德曾說：「一個人的幸福，就在於心的幸福。」

這句話得一點都沒錯，只要心裡滿足，就不需要額外的裝飾。所謂的幸福，並不一定要靠華服美食、豪宅莊園來堆砌，只要懂得知足，其實幸福經常就在自己的身邊。

要感謝，不要發洩

總是帶著一張憤世嫉俗的臉孔，對於改善現狀根本無益，只會讓自己的心靈更加痛苦而已。

有一個四肢都殘廢的人，經常被鄰近的頑童譏笑為「不倒翁」，但是他不但不曾生氣，反而愉快的和孩子們打招呼。不管什麼時候見到他，總是吹著口哨，認真的工作著。

原來，這位開朗的不倒翁，平時的口頭禪就是「我要工作」。他很同情與自己一同工作的一位聾啞的女同事，每次看到對方，總是語重心長地說：「她聽不到美妙的聲音，更無法呼喚自己的孩子，和她比起來，我顯然幸運多了。」

的確，和許多人比較起來，多數身體機能正常的人是多麼幸福呀！大部分的時候我們不只健康，四肢也十分健全，還能吃到美味的食物，這難道不是一件幸運的事嗎？

但是，這世上卻仍有不少幸運的人總是滿腹牢騷，彷彿藉著向別人發洩自己的不滿，就能夠消除心中的怨恨。

只是，他們卻沒想到，這種舉止就宛如對著天空吐口水，這些口水不只無法污染天空，最後反而會落到自己身上，弄髒自己。

有了這種體認之後，我們就要時時提醒自己，那些忿忿不平、心懷怨恨的情緒，事實上都是有害而無益的。

要感謝，不要發洩，總是帶著一張憤世嫉俗的臉孔對於改善現狀根本無益，只會讓自己的心靈更加痛苦而已，又何必自找苦吃呢？

主動打破社會的冷漠

身為群體的一份子，如果人人都有著自掃門前雪的心態，那麼有朝一日，社會終會因為每個人的冷漠而分崩離析。

有一天晚上，國王命人偷偷在街道上擺了一塊大石頭。

第二天一早，有個喝醉酒的軍人撞到那塊石頭，不僅摔得四腳朝天，而且還撞傷了頭。

「是誰在人來人往的街道上擺了這樣大的一塊石頭，真是混蛋。」他狠狠的咒罵幾句之後就走了。

過了一會兒，有一個騎著馬的紳士經過，差點也撞上這塊大石頭。

「啊，好危險，就差那麼一點點，如果撞上這塊石頭一定會受傷的。惡作劇也要有個限度嘛！真是的。」紳士發完牢騷，也自顧自的繞過石頭走了。

又過了一會兒，有一個農夫駕著車從這裡經過。

「怎麼搞的，在路中間擺著這麼大一塊石頭，經過的時候會很危險的。」農夫嘴裡抱怨著，但也拐個彎就走了。

就這樣過了很久，一直沒有人主動把石頭搬走。

一個月後，國王把他的臣民們都召集到廣場上，並且宣佈：「事實上，街上的石頭是我放的。但是一直到今天，卻沒有一個人願意為了公眾的利益把它搬開。我想，這也許是我領導無方的關係吧！那麼，今天就由我來把這塊石頭搬開。」

於是，國王便親自把石頭搬開。石頭被移開後，原先的地方出現了一個袋子，袋子上寫著「給搬開這塊石頭的人」，裡頭還放了寶石和二十枚金幣。

此時，國王感嘆的說：「原本，我打算將這個袋子裡的財寶送給願意主動為大家做事的人，但如今看來，我只能再將它們拿回去了。」

多數人對於社會上許多無關己身的事，總是抱持著冷眼旁觀的態度，只要對自己沒有急迫的危害，通常就會視而不見。

但是，身為群體的一份子，如果人人都有著自掃門前雪的心態，那麼有朝一日，社會終會因為每個人的冷漠而分崩離析。在你不幫我、我不幫你，每個人都認為「其他人的事不干我事」的情形下，當有一天輪到自己真的需要幫助時，就只能望天興嘆了。

別被固有框架侷限了思考

誰說看事情只能有一種角度呢？事實上，如果可以讓自己跳脫原有的思考框架，往往會讓人有意想不到的結果。

據說，當釋迦牟尼還在修行時，有一天，一隻鴿子受了傷，飛到釋迦牟尼身邊請求他：「我現在受到老鷹的襲擊，請您一定要幫我。」

於是，釋迦牟尼就把鴿子藏在自己的懷裡。

過了一會兒，飢餓的老鷹果然飛來了。牠飛到釋迦牟尼身邊，問道：「你有沒有看到一隻鴿子來過這裡。」

釋迦牟尼老實的說：「鴿子現在就在我的懷裡。」

老鷹聽了，失望的嘆息：「看來，我是活不下去了。您能不能把鴿子交給我呢？我已經快要餓死了，好不容易才抓到獵物，如果讓牠逃走的話，那我就必死無疑了。」

如果救了鴿子，那麼老鷹就會死掉，如果幫助了老鷹，那麼就沒有辦法幫助鴿子，進退兩難的釋迦牟尼，最後終於做了一個決定。

「老鷹呀，你是不是一定要吃到鴿子才不會餓死？」釋迦牟尼問。

老鷹回答：「那倒不一定，只要有別的肉可以吃就行了。」

「那這樣吧，我給你和鴿子同樣分量的肉，你就放過鴿子吧！」

老鷹同意了。於是，釋迦牟尼就從自己身上割下一些與鴿子等重的肉給老鷹吃。

終於，老鷹吃飽了，鴿子也順利逃過一劫，釋迦牟尼自己也因為拯救了兩條生命而覺得非常高興。

人生在世，總會遇上陷入兩難的時候。面臨這種情況，許多人的思考往往被僵化的框架限制，因而總是苦思不出最佳的解決辦法。

也有許多人面臨人生事業上的低潮時，往前一看，似乎已經走投無路，因此最後往往選擇消極的逃避。但是，如果我們願意用更積極心態看待，低潮不正是下一個高潮的開端嗎？

誰說看事情只能有一種角度呢？事實上，如果可以讓自己跳脫原有的思考框架，從不一樣的角度著手，事情往往會讓人有意想不到的結果。就像這個故事，說的雖然是釋迦牟尼的仁慈，但我們卻也可以從不一樣的角度看見另外一番道理。

虛心接受別人的指教

若有人當面告訴你他對你的想法，他一定是鼓起無比的勇氣。光是這份勇氣和誠意，我們能不虛心接受嗎？

活在紛擾的塵世，使我們感到苦惱的，通常是人際互動之時產生的摩擦，因為我們都欠缺一顆柔軟的心。

曾有人說過：「每個人都有一顆心，每顆心都很執著。若對方是對的，那必定是我的錯。我既非聖賢之人，他也不是愚夫，彼此不過是凡夫俗子罷了。」

確實，人際間的互動一旦有了齟齬，就很難再有商量的餘地。除非當事人雙方都夠世故、圓融，否則就不容易和解或有所轉圜。

在和人相處時，偶爾會需要給對方一點意見。不過這時候，一定要具備給予對方建議的自信和實力，還要讓對方了解你提出建議的理由和誠意，並且還要懂得用正確的方式建議他人。

首先，我們要先確認對方是否會接受，然後引用適當的例子，並且在說話的技巧上動一點腦筋。

再來就是把握時機，比方利用文字書信，或者面臨分別時，不露痕跡地說出來。

你可以先體貼地稱讚對方一番，然後用比較迂迴的方法，輕描淡寫地讓對方自己發覺問題，體會出缺點所在，如此才能發揮建議的真正意義及效果。

至於來自他人的建議，有些或許真的是肺腑之言，也很有建設性，但是有的卻只是對當事者的誹謗或妒忌。

不過無論如何，若有人當面告訴你他對你的想法，請你務必了解，他一定是鼓起無比的勇氣，才會有這樣的表達。光是這份勇氣和誠意，我們能不洗耳恭聽，虛心接受嗎？

「知過能改，善莫大焉」，這是一句耳熟能詳的話，但試想，又有幾個人能克服「忠言逆耳」的弱點？

要知道，我們唯有具備容納忠言的肚量、並懂得由衷感激對方，才能在人生的旅途上不斷地成長、茁壯啊！

講究細節，才能到達完美——

做任何事不只要認真，還要以神聖的心情看待眼前的工作，一步一步毫不馬虎，最後才會有臻於完美的成果。

在很久以前的日本，有一回為了選出一名手藝最好的鑄刀工匠，官員們從全國各地選出了十八名工匠，讓他們各自鍛鑄一把刀，當時知名的刀匠鄉義弘與岡崎正宗都在其中。

經過了嚴格的審定，最後，岡崎正宗的刀，被斷定為最好的刀。

平素就以當代第一自稱的鄉義弘十分不服，自負的他不能容忍別人勝過自己，於是決定和正宗一較高下。

來到正宗家門口，鄉義弘聽到一陣響聲，心想，正宗大概正在鑄刀吧！在好奇心的驅使之下，他偷偷的探頭往裡面看，沒想到這一看，卻讓他大吃一驚。

在乾淨的場地上，正宗圍著工作的圍裙，表情專注而神聖的揮著錘子，仔細敲打。

義弘走到正宗面前，認真的對正宗說：「到現在我才知道，自己不應該懷疑你，甚至想和你一比高下。我看到你鑄刀時的樣子那麼神聖，就好像在鍛造自己的靈魂一樣。」

「與你相比之下，平時的我如果熱了就脫衣服，渴了就一定要喝水，態度上實在是自嘆不如。你讓我知道，自己不管是在技術上還是在心靈上，都還不能算是一名真正的刀匠。」

據說，後來正宗和義弘從此成為很要好的朋友。

這則軼事提醒我們，做任何事，態度都是最基本的要素。

卡內基說過：「成功毫無技巧可言，不過是對工作盡力而為而已。」所謂的「盡力而為」，不只要認真，還要以神聖而謙遜的心情看待眼前的工作，一步一步毫不馬虎，將靈魂與熱情灌注其中，最後才會有臻於完美的成果。

講究細節才能達到完美，如果態度輕忽，滿心以眼前的成就為傲，那是永遠不可能再有進步空間的。

成就來自經驗的累積

不管做什麼事情，如果都能用心盡力做到最好，透過不斷的嘗試與無數經驗的累積，成就必是指日可待。

日本知名畫家月岡芳年，向來以將浮世畫和西洋油畫融為一體，創造獨特風格而聞名。

有一次，他正巧看見某處店家發生了火災，於是，他就對著猛烈的大火開始寫生。

過了幾天，一個身為消防員的好友來到他家，並且看見他前幾天寫生的那幅畫。這幅畫不管是從火焰的樣子，還是黑煙的形狀，或者是人們的騷動，都讓人覺得身臨其境。

月岡芳年對朋友說：「這是前幾天大火時的寫生。你肯定對火災很熟悉吧！能不能幫我看一下這幅畫有沒有什麼不對的地方呢？」

消防人員看了一會兒，便說：「事實上，火災發生的那天我正好外出，沒有到過火災現場，但是根據你的這幅寫生，發生火災的應該是珠寶店吧？」

聽了他的回答，月岡芳年覺得非常吃驚，趕緊說：「沒錯，這幅畫就是在一家珠寶店著火的時候畫的。但是我畫的都是煙，你怎麼會知道是珠寶店著火呢？」

「我當了那麼多年的消防人員，只要看一下火焰的顏色，就能夠判斷那是木材燃燒的火焰，還是金子燃燒的火焰。我看這幅畫裡面火焰的顏色，應該就是金子燃燒時的顏色。」消防員說。

聽了消防員的回答，頓時讓月岡芳年非常佩服，也深深體會到，何謂真正的「專業」。

勵志作家馬爾騰曾說：「每一個成功者的秘訣，都是堅定不移的志向，和努力不懈的工作。」

所謂的成功，其實就在於透過對細節觀察，所掌握的「專業」程度如何。一個真正成功的人，無論從事的是何種行業，專精的程度必定讓人無法想像。

不管做什麼事情，如果都能用心盡力做到最好，透過不斷的嘗試與無數經驗的累積，成就必是指日可待。

有缺陷，才顯得更親切

人是不可能近乎完美的，甚至，有一些小缺點的人，才更有「人味」，也比較容易被他人所接受。

有一次，在日本博多參加比賽的相撲選手當中，出現一個特別強壯的力士。有人見了，便當面稱讚他：「我相信這一次你一定會順利獲勝，成為橫綱的。」

「橫綱」，是相撲界的最高級別，也是許多力士一生當中夢寐以求的榮耀。沒想到，這名力士卻非常平靜的回答：「很感謝您的賞識，但我卻認為自己並沒有獲得橫綱的能力。首先，在我的相撲生涯當中，與其說沒有缺點，還不如說沒有特色，這就是我真正的弱點。在橫綱比賽中，每個選手一定都會有某些缺陷，這也是他們個人特質的展現。但我卻找不到這種特質，所以無法成為橫綱。」

說得真好，一個人的缺點，確實可以說是個人特質的展現！

仔細想想，平時與人交往時，如果對方是個十分完美的人，不是會讓人覺得很難親近，甚至喘不過氣來嗎？

要知道，人是不可能近乎完美的，甚至有一些小缺點的人，才更有「人味」，也比較容易被他人接受。

英國劇作家蕭伯納曾經這麼說過：「我不要做一個很好的人，像你們大家腦中所想的那樣，我只要我現在的樣子。」

缺點有時正是特點，我們又何必把缺點看得太嚴重呢？人若是沒有這些微不足道的小缺陷，不就顯得不夠可愛了嗎？

動手做，好過動口說

很多事情，最重要的就是能否實踐。願意著手執行比起總是光說不練，畢竟還是實際多了。

從前有個領主十分重視孝順的德行，常常賜給孝子豐厚的獎賞。

有一天，這名領主外出巡視。當地有一個以不孝聞名的人聽說了這件事情，為了得到獎賞，便把平時一直受自己虐待的母親背出家門，裝做一副十分孝順的模樣，混在迎接領主的行列之中。

領主看到他背著母親，要身旁的人給他一些獎勵。

身邊的侍從看不過去，便上前稟報：「大人，住在這裡的人都知道，那個人平時非常不孝。他今天背著母親前來，無非是為了想引起大人您的注意，得到獎賞呀！」

聽了侍從的話，領主卻說：「就算不是真心的又如何呢？只要他肯這麼做就可以了，至少他今天對自己的母親很好，這不就夠了嗎？」

有句話說：「近朱者赤，近墨者黑。」意思是說，經常和善良的人相處，就算是惡人也會自然而然變得善良。

同樣的，就算表現出來的善良是虛情假意，但如果經常這麼做，久而久之也會變成一種習慣，這也是這名領主的用意所在。

更何況，很多事情，最重要的就是能否真的實踐。就算不是出自真心，願意著手執行比起總是光說不練，畢竟還是實際多了。

莽撞行事，小心得不償失——

做事首重方法，審慎度跟行動力同等重要，光有熱忱或速度是沒有用的，必須兩相配合才能事半功倍。

這一天，阿虎家裡來了個衣裝華麗的男人，旁邊還跟著三個家丁。

廚房裡，只見老婆正滿頭大汗的拿著草扇，使盡力氣搧著灶上的鍋子。阿虎問道：「妳在做什麼啊？」

老婆回答：「我正在努力讓這鍋蜜水變涼啊！你不知道，外面那些人可是有錢人呢！所以我才煮這鍋蜜水，打算巴結一下！」

阿虎說：「可是火燒得這麼旺，再怎麼搧，蜜水也不可能變涼啊！」

接著，阿虎上前弄熄灶裡頭的火，然後從井裡打起一桶水，再將鍋子擺進裝井水的桶子裡，果然不一會兒，整鍋蜜水就變涼了。

但可惜的是，當阿虎夫妻好不容易端出蜜水走到前廳時，那人和家丁們早已不知去向了。

你是否曾經有過這樣的經驗？為了某個目標付出很多心力，卻因為不得法，最後只換來一場空。

做事首重方法，審慎度跟行動力同等重要，光有熱忱或速度是沒有用的，想要讓所有行動都收到效果，不浪費力氣，就要看清楚事物的本質，並且掌握趨勢，兩相配合之後才能事半功倍。

另外，還要蒐集相關資料，做全盤規劃與全面性的判斷。有了完善的基本準備後再開始執行，如此一來，必定能有效降低錯誤發生率，同時也減少為了彌補，必須額外損耗的時間與精力。

廣納人言，仍要有自己的定見

我們應有充分的自知之明，對於他人刻意的恭維與花言巧語，必須要有能力識清。

「你好，好久不見了。」大街上，劉某正向一名男子拱手作禮。沒想到對方卻毫不領情，轉身就走，留下劉某呆立在原地。路過的人見狀，不禁竊竊私語起來。

三姑說：「當初劉員外得意時，那個窮書生成天跟在人家屁股後面，現在卻翻臉不認人了。」

六婆接著議論道：「是呀！那時候那傢伙還整天『哥哥、哥哥』

的叫，臉皮真是厚。」

「可惜劉員外前陣子做生意虧了好大一筆錢，以前那些人知道以後，居然一個個跑得不見人影。這也難怪，劉員外總是愛聽別人奉承，那些嚴厲一點的規勸一點也不理會，身邊原本的好朋友自然都一個個離開了。唉，早知今日，何必當初呢？」

語畢，三姑六婆相互道別。行人來來去去，沒有人停下腳步，只有一文不名的劉某落寞的在街頭遊蕩。

有句話說，一樣米養百樣人。確實，世界上存在著許多各式各樣的人，每個人的思考模式也不盡相同；寬厚老實的人多，巧言令色的人自然也不少。重要的是，我們也應有充分的自知之明，對於他人刻意的恭維與花言巧語，必須要有能力識清。

曾有人說過：「聰明的人喜歡別人指教，蠢人則喜歡別人讚美。」要知道，過度膨脹自己，只聽得見甜言蜜語的人，往往會為自食惡果！

PART5

幸福不是只有一種元素

健康、財富、名譽、地位，
都不過是幸福的材料而已，
只有懂得拿捏調配這幾種要素的分量，
才能夠擁有真正的幸福。

改變自己，才能開啟成功的契機

磨練自己、改變自己才是最重要的，只有自己先進步了，天時和地利才會發生作用。

從前，有一顆耀眼的鑽石，長久以來混在河邊的一堆小石頭當中，不曾被人發現。

有一天，一名商人無意中發現了這顆鑽石，就把它賣給國王。國王得到之後，便要工匠將它裝飾在王冠上，耀眼的鑽石因此得到了大家的稱讚。這件事傳到其他小石頭們的耳裡，引起了一陣騷動，它們都非常羨慕鑽石的幸運。

有一天，小石頭們叫住了一個路過的農夫，並且懇求他：「聽說那顆和我們在一起的鑽石現在出人頭地了。它本來是和我們一樣的石頭，你如果能夠把我們帶到城裡去，我們肯定也會出人頭地的，請你幫個忙，帶我們去吧！」

農夫想了一會兒，就把它們裝到袋子裡帶到城裡。

小石頭們如願來到了夢想中的都市，但是它們卻沒有如自己預期中的那樣被用來裝飾王冠，而是被鋪在道路上，每天被無數的人車踩踏。即使他們心裡十分後悔當初的愚蠢，但一切都已經來不及了。

大多數的時候，與其成天想著轉換環境，不如從改變自己開始，或許比較實在。

有一天，鴿子看見愁眉苦臉的貓頭鷹，便開口叫住牠。

「老兄，你要去哪裡？為什麼看起來這麼不開心呢？」鴿子問。

貓頭鷹回答：「你們都知道，這個村莊的人們都不喜歡我，所以我才不得已要搬家呀！」

鴿子聽了，忍不住笑著說：「貓頭鷹老兄，你這麼做根本一點用都沒有！不管你換到什麼地方，如果不改變自己，還是會被人們嫌棄的。與其到處搬家，還不如設法讓自己的名聲變好呢！」

事實上，無論遇到什麼事，想要有所改變，都必須要從自己開始。尤其，想要進步，更應該從自己開始做起。小石頭並不會因為來到城裡，就變成耀眼的鑽石；夜晚擾人清夢的貓頭鷹，如果總是在夜晚出沒，也不會因為搬了家就變得受人喜愛。

磨練自己、改變自己才是最重要的，只有自己先進步了，天時和地利才會發生作用。如果總是本末倒置，只想靠著轉換環境出人頭地，最後往往只會為自己招來失敗。

太過理性，往往缺少人性——

過分理性的人令人討厭的原因，就是因為他們實在太過忽視人的「感情」了。

有一個男子，平時非常討厭一些繁文縟節。

他總是對家人說：「要是有一天我死了，千萬不要幫我舉行任何儀式。找個地方把我的遺體火化之後，往空中一撒就可以了，如果這也很麻煩的話，那就往河裡撒，讓它隨波而去吧！」

但不幸的是，他很疼愛的一個兒子卻先他而去了。悲傷的他，一反常態的將兒子的遺體打扮了一番，穿上漂亮的衣服，然後送到自己一直很討厭的寺院裡。

「住持大人，請您為我最疼愛的兒子舉行一場盛大的葬禮吧！」

他低頭請求道。

葬禮結束後，他又把兒子的遺體埋在寺院的墳地裡，之後經常帶著供品來到兒子的墓地打掃，並且在兒子的墓地前久久不肯離去。

或許，這名男子並不是真的承認死後的世界，只不過不這麼做的話，無法減輕心裡失去親人的悲痛吧！

無論是何種形式的葬禮，最大的目的，往往是為了讓沉浸在莫大悲哀之中的親人，可以透過忙碌暫時忘卻悲傷。

雖然從旁觀者的角度來看，無法理解為何許多平常以無神論者自居的人，在親人去世之後卻堅持舉行葬禮，但是，從另一個角度來看，這卻充分證明了，人的確是有感情的動物。

作家柏楊曾經說過：「人就是人，不是物。人的特質是有靈性、有感情、有智慧，也有選擇愛情的能力。其他東西就不然了，砍它一刀，它不會叫，踢它一腳，它不會跳。」

這也就是為什麼過分理性的人往往令人討厭的原因，因為他們實在太過忽視人的「感情」了。

就像故事中的男子一樣，這些凡事總是以冷靜理智為優先，鄙棄情感的人，通常也要等到自己面臨同樣的狀況時，才會發現過去究竟錯過了多少珍貴的事物。

用善意看待所有事情

對於任何事，我們都要抱持著最大的善意。因為善人可以在人世間找到天堂，惡人卻只能領受自己造下的地獄。

有一天，被稱為萬獸之王的獅子正打算睡午覺，這時，一隻老鼠從旁邊經過，獅子的一隻前腳就這麼壓在老鼠身上。

老鼠於是拼命的哀求牠：「獅子大王，求你放了我吧！如果你現在放了我，將來有機會，我一定會報答你的。」

「哈哈哈，我會有什麼事情需要你這小老鼠幫忙呢？反正我剛吃飽，今天就暫時饒你一命吧！」獅子傲慢的說。

「真是太感謝你了，大王。」老鼠謝過之後，便一溜煙的離開了。

這件事過後沒多久，有一天獅子正在森林中散步，一不小心掉進了獵人設下的陷阱裡面。

只見牠的四隻腳都被繩子綁住，頭也被套住了，並且，越是掙扎就越覺得喘不過氣來，實在非常痛苦。

先前那隻老鼠聽說了這件事，立刻趕到現場，並且開始咬起了繩子。憑著小老鼠靈活的身軀與小尖牙，沒多久就將繩子咬開，順利解救獅子脫困。

誰能想得到，小小的老鼠竟然也能拯救威武的森林之王呢？由此可知，無論是多麼微小的事物，我們也千萬不能隨意小覷。

這個寓言故事同時也說明了一件事，那就是：「凡事都有因果，就會種什麼因，得什麼果。」

千萬別以為，過去對他人釋出的善意是石沉大海；也千萬別以為，現在做的惡事不會報應在自己身上。無論善惡，自己種下的因，終有一天會反饋己身，這是千古不變的道理。

所以，對於任何人事物，我們都要抱持著最大的善意看待。誠如德國詩人海涅所說，善良的人可以在人世間為自己找到天堂；但那些惡毒的人，卻會在人世間領受自己所造下的地獄！

榮耀來自血汗的堆砌

成功並非一蹴可及，但許多人眼裡往往只看得見成功者的榮耀，忘卻他人先前付出的辛酸血汗。

有個人在秋天出門旅行，沿途正好經過東國。

他發現，東國秋天的景緻十分美麗，清爽的秋風吹過稻田，結著豐碩果實的稻穗，形成了一片一望無邊的金黃波浪。在田地旁邊，農夫們一邊談笑，一邊悠閒的做著農事。

後來，那人回程的時候又經過了東國。這時候，金黃的波浪已經變成一堆一堆的稻米，堆積在每家每戶的屋簷下，家家戶戶都開心的談笑著。

這個人回國之後，便四處告訴親朋好友：「東國實在是個極樂國度，那裡的人們不用辛勤勞動，就能夠獲得豐碩的收入。」

一個鄰居聽了他的話，心裡不禁想著：「有這麼好的地方，我一定要去看一看。」

隔年初夏，他出門辦事時，途中正好也經過東國。可是，當他一進入東國，卻看到滿地泥濘，人們個個都揮汗如雨，拼命的工作著，這個景象讓他覺得非常驚訝。

等到辦完事情以後已經是六七月的盛夏了，他又再次經過東國。這一次，他看見人們頭頂著烈日，汗水像雨水一樣流淌，每個人都在勞動，完全看不到那人所說的黃金波浪，以及像小山一樣的稻米。

他生氣得不得了，忍不住大罵：「我一定是被那人給騙了，東國哪裡是什麼極樂國度呢？根本就是地獄嘛！」

沒有播種，又怎麼會長出果實呢？這個鄰居最可悲之處，或許就在於他根本不懂得這層因果關係。

成功的背後總是充滿淚水的，在所有成功的人之中，有誰是可以不費吹灰之力就到達巔峰的呢？

歐洲有句諺語是這麼說的：「努力的果實，比任何一種果子要來得更為甜美。」

成功並非一蹴可及，這已經是人人知曉的老生常談了，但卻還是有許多人忘了這個道理，眼裡只看得見成功者的榮耀，忘卻他人先前付出的辛酸血汗。這樣的人，不是和故事裡的鄰居一樣可悲嗎？

要懂得把握既有的幸福

許多人只注意到自己失去什麼，不斷的追求再追求，卻忽略了最該把握的，其實是身邊既有的幸福。

釋迦牟尼門下的十大弟子中，有一個人叫做周利磐特迦，據說是個連自己的名字也記不住的傻瓜，因而被哥哥看不起，甚至還把他趕出家門。

釋迦牟尼看見周利磐特迦在門口哭泣，親切地詢問他：「你為什麼如此悲傷？」

周利磐特迦便將所有事情都告訴他。

「為什麼我天生就那麼笨呢？」說著說著，他又忍不住哭了起來。

「你沒有必要這麼悲傷，至少你知道自己很笨呀！在這個世界上，有多少愚蠢的人還自認為很聰明呢！能明白自己愚蠢，實際上就是很高的覺悟了。」釋迦牟尼溫和的安慰周利磐特迦，並且還給了他一把掃把，教他要「掃除灰塵，清理污垢」。

周利磐特迦一邊打掃環境，一邊牢記這句聖語。儘管他一記住「掃除灰塵」，就會忘記「清理污垢」；一記住「清理污垢」，又會把「掃除灰塵」給忘了，但周利磐特迦卻還是堅持了二十年。

在這二十年間，他只被釋迦牟尼表揚過一次：「你打掃了這麼多年，連一點長進也沒有，但是，你即使沒有進步，卻還是堅持做著同樣的工作。知道嗎？進步雖然很重要，但是一心堅持做一件事更是重要，這就是你勝過其他人的地方。」

這就是釋迦牟尼對他的毅力所做出的評價。周利磐特迦終於明白，在灰塵和污垢之外還有這樣的大道理。

這下子，他才恍然大悟：「我以前一直認為自己很笨，但是卻沒有發覺自己到底笨在什麼地方！」

周利磐特迦最笨的地方，就在於他忘了自己還有堅持與毅力這項優點。在這個世界上，有不少人就像周利磐特迦一樣，總是只注意到自己的缺點，卻忘了自己還有其他優點，整天只顧著自怨自艾！

此外，許多人往往也只注意到自己失去了什麼，卻忘了回過頭看看自己究竟還擁有什麼，該珍惜什麼；因而不斷的追求再追求，忽略了自己最該好好把握的，其實是身邊既有的幸福。

糟糕的是，這些人通常自以為聰明，比別人懂得追求幸福的方法，但卻沒想到自己才是真正本末倒置的愚人！

用眞誠才能換取眞誠

真誠待人，他人也必定真誠以待，這是千古不變的道理。以坦率的態度與人交往，他人也會用同樣的態度回應。

或許有很多人認為，在這個現實而冷酷的世界裡，如果不懂得隱藏自己的弱點，並且偽裝出一副凜然不可侵犯的樣子，恐怕會被人看不起，甚至無法順利生存下去。

事實上，做人做得這麼辛苦，除了讓自己處在長期的不安和焦慮之外，對於人際關係一點用處也沒有，反而還會讓自己與他人的關係變得既冷漠又疏離，看起來難以親近。

還記得「北風和太陽」的寓言嗎？不管寒風如何猛力吹襲，也無法吹掉過路人的外套，反而豎起衣領，用衣服緊緊的裹住身體。相反的，太陽溫暖的笑容，卻讓路人心甘情願，自動脫掉厚厚的外衣。

別忘了，若是處處提防著別人，和你接觸的人也不會坦誠打開心胸的，最後的結果，只會讓彼此都無法信賴對方。

真誠待人，他人也必定真誠以待，這是千古不變的道理。

如果能以坦率的態度與人交往，相信他人自然也會卸下心防，用同樣的溫暖回應我們。

幸福不是只有一種元素——

健康、財富、名譽、地位，都是幸福的材料，只有懂得拿捏調配這幾種要素的分量，才能夠擁有真正的幸福。

德川家康有一次召集了旗下的將軍，問了他們一些問題。

德川問：「你們覺得在這個世界上，最好吃的東西是什麼呢？」

有的人說是酒，有的人說是點心，有的人說是水果……總之，每個人都根據自己的喜好闡述意見，但這些答案德川家康都不滿意。

最後，德川家康又轉向身邊的一名侍女：「妳覺得世界上什麼東西最好吃呢？」

生性聰慧伶俐的侍女笑著回答：「最好吃的東西就是鹽。」

德川家康聽了覺得很滿意，於是他又問道：「那妳再說說看，什麼東西又是最難吃的呢？」

「最難吃的東西也是鹽。」宮女不假思索的回答。德川家康對她的聰明十分佩服，忍不住豎起大拇指稱讚。

確實，鹽不過是調味的材料而已，究竟好不好吃，主要還是得看調味的人是不是懂得拿捏，這才是調出好味道的關鍵。同樣的，健康、財富、名譽、地位，也不過是幸福的材料，只有懂得拿捏調配這幾種要素的分量，才能夠擁有真正的幸福。

寬恕他人，就是善待自己——

理直還需氣和，得理尚且饒人。生氣就是拿別人的大石頭來砸自己的腳，一點好處也沒有。

從前在一座高山裡住著一個野人，從不穿衣，渾身毛髮披散，看起來幾乎跟猩猩沒有兩樣。

野人成天待在山野林間，某一天，突然興起下山遊玩的念頭。於是，他攀在樹枝上，俐落的從這一棵樹盪到下一棵樹，不一會兒時間就來到城外不遠處。

他進城裡後，遠遠見到一座漂亮的房子，便打定主意，直直往那棟房子走去。來到房子裡，野人闖進一間華麗非凡的房間，房裡掛滿許多色彩鮮艷的布匹。野人看了十分喜歡，便隨手抓了幾件，開心的回到山裡。

沒料到有一天，森林裡突然冒出大批帶著武器、穿著盔甲的武士，把野人綁起來，帶到皇宮裡。

國王坐在王位上，看著眼前渾身長毛，身上綁著衣服的野人，便開口問道：「說！你身上的衣服是從哪來的？」

野人聽不懂，只是抱緊手中的衣服，一臉不安的東張西望，雙手卻一點也沒有鬆開的跡象。

「唉！也罷，也罷！他不過是個野人，根本不曉得自己這樣做是錯的，就隨他去吧！」國王揮揮手，示意守衛們放人，野人迅速地轉身飛奔而去。

幾天之後，王宮門口出現了三顆稀世夜明珠，旁邊還放著許多新鮮的野果、野菜。

英國詩人波普曾經說過：「犯錯乃人之常情，寬恕是聖賢。」孔子也有一句名言：「人非聖賢，孰能無過？」

由於每個人的觀念看法與成長過程都不盡相同，彼此難免會產生誤解、摩擦，這種時候，與其執意爭論，不如各退一步，反而能豁然開朗、海闊天空。

理直還需氣和，得理尚且饒人。留一個台階給人，便是替自己結善緣。若能心存善意，努力活在當下，又何必計較小是小非？

別忘了，生氣就是拿別人的大石頭來砸自己的腳，對自己一點好處也沒有。寬恕別人，其實正是善待自己。

道德觀必須從小處培養

道德與守法的觀念必須要從小處開始培養。否則，只會讓整個社會的道德感越來越低落，越來越敗壞。

有一回，一個嚴謹的人打算外出旅行，但就在出發的當天，他的僕人卻遲到了，等了好一會兒，才終於見到僕人氣喘吁吁的趕來。

「你在做什麼，怎麼現在才來？」這人問道。

僕人回答：「是這樣的，半路上我的草鞋有根帶子斷了，我只好找了一條草繩把它串好。」

主人覺得很奇怪，於是問他：「你的草繩是從哪來的呢？」

「我從路旁的稻草堆裡抽的。」僕人回答。

主人又問：「那你有沒有事先和稻草堆的主人打過招呼？」

僕人笑著說：「只是一兩根稻草而已，沒有人會介意的。」

「這怎麼可以呢？就算別人覺得這是小事，但我絕不容許這種行為。」主人義正詞嚴的說完，便帶著僕人去向稻草堆的主人道歉。

很多人往往會用「每個人都這麼做」、「這只是小事而已，沒什麼關係」等藉口，為自己平日一些看來微不足道的小奸小惡辯駁。

但是，雨果就曾經勸告我們：「成為聖人，那是特殊情形，但做一個正直的人，那卻是為人的正軌。」

就算是一個人的時候，就算只是枝微末節的小事，我們還是要時時警惕自己「不因惡小而為之」。要知道，道德與守法的觀念必須要從小處開始培養。否則，如果每個人都這麼放任自己，無形中，只會讓整個社會的道德感越來越低落，越來越敗壞。

做事專心，才會有效率

當一個人專注時，工作效率反而快得嚇人，不止耗費的時間遠比想像的要少，完成的速度也比想像中更快！

阿德的母親是個產婆。某天一早，她準備出門幫忙接生，臨走前叮嚀兒子道：「阿德！記得準備柴火跟一盆冷水，我晚點回來要用。」

半夢半醒的阿德聽了，揉著惺忪睡眼，不情願地回應道：「好啦！我知道了……」

直到聽見木門關上，發出「叩」的一聲，阿德才從床上緩慢的爬起來梳洗。之後慢慢踱到廚房裡升起爐火，同時將手裡的石盆盛滿水，放在爐火上。

自覺功德圓滿的阿德打了個哈欠，自言自語說：「這樣忙下來，又覺得累了，還是先去睡個回籠覺吧！」

一段時間之後，阿德的母親回到家，看到兒子還在睡，便用力將他搖醒：「我叫你弄的火跟冷水呢？」

「都在廚房呀！」阿德不耐煩的起身，跟著母親一起走進廚房。

「哎呀！火熄啦！」

看見只剩灰燼的爐子，阿德慌張的湊近，並用手去拿裝了水的石盆，只聽見他大叫一聲，雙手被燙得通紅。

母親搖搖頭，深深嘆了口氣說道：「要火沒火，冷水變熱水，你還真是成事不足，敗事有餘。」

你是否也曾有過類似的經驗呢？想要做一件事，卻因為漫不經心，最後弄得一團混亂，完全沒有效果。

做事要專心，將全副心神都貫注其中，才能將事情做得盡善盡美。盡自己最大努力將每一件事情做到最好，這才是尊重自己、對自己負責的表現，如此一來，才不致於白費力氣，抓不到重點，忙了半天，只換來「茫」與「盲」。

做事一定要專注，當一個人專注時，工作效率反而快得嚇人，不止耗費的時間遠比想像的要少，完成的速度也比想像中更快呢！

PART 6

腳步紮實
才能嚐到甜美的果實

若只是一味躁進，
忘了腳踏實地、步步紮實，
那麼最後必不能得到想要的成果。

懂得知足，就不覺得痛苦——

總是覺得痛苦的人，因為只看得見痛苦的事，自然也不會懂得什麼是真正的快樂！

很久以前有一個國王，由於吃膩了每日的山珍海味，便覺得這些一點都不稀奇了。

有一天，他突發奇想，找來國內所有的廚師，要每個人分別為他做出一道最好吃的料理。

但是，世人眼中的珍饈美味幾乎都被國王吃遍了，廚師們怎麼想也想不出更頂級的食材與特殊烹調方式。

國王十分生氣，便告訴大臣們：「他們都是一些沒用的廚師，快給我找個更好的廚師來。」

這時候，有個人自告奮勇來到皇宮，並且誇下海口，說自己是世界第一的廚師。

「你能夠做出讓我滿意的料理嗎？」國王問。

這人恭恭敬敬的回答：「是的，但是我有一個條件，國王您必須要按照我說的去做才行。」

「你的話很有意思，好，我就按照你的要求去做，你快點開始吧！」國王想也不想，一口就答應了。

從那時開始，整整三天的時間，廚師一步都不曾離開國王的身邊，什麼事也不做。

「你什麼時候開始做料理呀？」第二天，國王忍不住問道。

廚師回答：「陛下，很快就要開始了，請您再耐心等一等。」

到了第三天，國王已經餓得不行了，這時，廚師才為國王做了一道尋常百姓經常可以吃到的簡單菜。

「國王，我已經按照我的承諾，為您做了一道世界第一的料理，請您嚐一嚐吧！」

國王餓極了，狼吞虎嚥的吃完這道菜之後，忍不住讚嘆道：「我從來沒有吃過這麼好吃的菜餚，這到底是什麼呀？」

廚師這時才回答：「事實上，這不過是一道再簡單不過的家常小菜了。道理很簡單，一樣食物到底好不好吃，其實就看吃的人餓不餓；您餓了這麼久才吃到東西，不管那是什麼，當然都會認為那就是最好吃的料理。」

確實，覺得東西很好吃，不過就是飢餓感慢慢消失的過程而已。如果沒有嘗過飢餓的感覺，當然也就無法體會到食物的美味。

換言之，所謂快樂的程度，不過就是與痛苦的對照罷了。

人生中有許多事情，其實也是一樣的道理，如果沒有嘗試過真正的水深火熱，我們經常會不知足的認為，自己遭遇的痛苦無疑是世界上最大的痛苦。

是啊！快樂與痛苦的分界，很多時候就在於你懂不懂得知足與感恩而已。總是覺得自己痛苦的人，因為只看得見這些痛苦的事，自然也就忘了，生活周遭其實還有許多事物值得欣賞，更不會懂得什麼才是真正的快樂！

用信念開拓未來

除了培養實力與才能，每一個人要是都能堅持信念，嚴格自律，自然也能夠為往後的成功打下堅實的基礎。

新井白石是日本近代知名的政治家。據說，他還是一個名不見經傳的人物時，曾經借住在老師家中，日夜努力唸書。

有一天，一個家境富裕的朋友前來拜訪他。原來，這位朋友的父親聽說新井白石身處貧困的環境，依舊努力不懈，認真向上，覺得非常欽佩，同時也對他的前途抱著很大的希望，想透過兒子對他施以經濟上的奧援。

「看你一邊面對生活的壓力，一邊還用功唸書，因此我的父親對你深表同情與讚賞。他說，他願意為你提供金錢，資助你所有的學費，你同意嗎？」朋友問道。

新井白石雖然打從心裡感謝對方的好意，但還是斷然拒絕了這個從天而降的好處。

他並且對朋友解釋：「我曾經聽人家說過，蛇要是在小的時候受了一點點小傷，當它長成大蛇的時候，傷口就會變成一尺長的大傷。同樣的，雖然現在的我非常貧困，接受你的好意看起來也只是一件微不足道的小事。但要是有一天我成了大學者，這就可能成為我人生中一個抹不去的痕跡了，屆時不就太令人遺憾了嗎？」新井白石接著說：「一想到這裡，我就無法接受任何人的恩惠，因此還是請你把我的意思轉告給令尊吧！」

就是這種面對送上門的利益，依舊能無動於衷的意志力與人格，才讓新井白石從一個沒沒無聞的無名小卒，一步步踏上成為當代偉大政治家的道路。

事實上，除了培養實力與才能之外，是否能堅守原則，也是成功的一項重要因素。

每一個人要是都能堅持自己的信念原則，時刻提醒自己要嚴格自律，自然也能夠為自己的將來開拓一片廣闊的天地，並為往後的成功打下堅實的基礎。

只有人格才能擄獲人心

如果待人總是既傲慢又勢利，那麼就算實力再堅強，外表再美麗，甚至再怎麼富有，依舊無法贏得人心。

從前日本有一個名醫，叫做奈波加慶。

有一次，當地的大富豪鴻池孫右衛門正好生了重病，於是便派人去找奈波加慶幫他診治。

前來通報的使者對加慶說：「我們主人是這一帶的第一富豪，請您一定要特別用心幫他診斷。」

雖然從使者口中聽說對方的病情越來越嚴重，但是醫生卻還是斷然拒絕出診。他說：「原本，我應該馬上去幫你家主人診斷的，但是聽了你說的話之後，我突然不想到貴府出診了。還是請你回去轉告你家主人另請高明吧！」

使者很吃驚，於是問道：「為什麼呢？」

醫生接著解釋：「其實，並沒有什麼特別的理由。只是，我出診的宗旨，就是要為那些生了重病又沒有錢的人治病，出診從來就只是為了病人，而不是為了金錢，對待病人也都一視同仁。但是，按照你剛才所說的話，因為你家主人非常有錢，所以要我慎重的診斷，這讓我覺得很奇怪。」

使者聽了這番話，明白剛才是自己說錯話，因而覺得十分羞愧，馬上為自己的失禮道歉。

奈波加慶確實不愧為當時的第一名醫，令人尊敬的不只是他的醫術，還包括他的人格。

羅曼．羅蘭曾經說過：「沒有偉大的品格，就沒有偉大的人，甚至也沒有偉大勝利的藝術家，偉大的行動者。」

一個人的品行，的確可以說是為人處世最重要，也是最基本的一項要件。曾有人這麼譬喻：「品格如同樹木，名聲如同樹蔭。我們常常考慮的是樹蔭，但卻不知樹木才是根本。」

想想如果待人總是既傲慢又勢利，那麼就算實力再堅強，外表再美麗，甚至再怎麼富有，依舊無法贏得人心的，你說是嗎？

別因一時激情，賠上真感情——

兩性交往，貴在相互了解，不能單憑對方的甜言蜜語就衝動的投入感情，以免最後賠上自己的真心。

有一隻烏鴉叼著一塊肉，停在樹枝上。

這時，來了一隻狡猾的狐狸，對烏鴉說：「親愛的烏鴉，你的外衣閃閃發光，還真是漂亮。我想，你的聲音一定非常悅耳吧？可以讓我聽聽你優美的歌喉嗎？」

烏鴉被捧上了天，一聽到狐狸的要求，想都沒想，就張口叫了一聲，嘴裡的肉片就這麼掉到地上。

「你這隻笨烏鴉，還真以為自己很了不起嗎？」狡猾的狐狸眼看肉片到手，對烏鴉訕笑了一番後，便溜走了。

為了得到自己想要的東西，狡猾的狐狸可以稱讚任何人。

同樣的，男女相識之初，如果男人對第一次見面的女人展現十分親切的態度，往往背後另有所圖。身為女人，對於來自男性的親切讚美，可不要輕易就被沖昏頭了。

要知道，真正誠實的男人，絕對不會在第一次見面時就過分殷勤。男人隨口說出的「我很愛妳」，往往就像服務生說「歡迎光臨」一樣毫不可靠，一點都不值得相信。

兩性交往，貴在彼此坦承與相互了解，不能單憑對方的甜言蜜語就衝動的投入感情。因此，不妨多找機會，從各方面了解對方的為人、品行與背景，以免最後賠上自己的真心。

團結就是勝利的關鍵

無論是何種競爭關係，勝利最大的關鍵，就在於內部人員是否具有共識，能否充分發揮合作的精神。

在許多競爭之中，「量」往往是勝利的重要關鍵。但很多人可能忽略了，其實還有一個比數量更為關鍵的因素，那就是團結。

日本戰國時代的關原之戰，便是一個因團結而取勝的典型例子。

據說，一直到後來的明治時代，來到日本指導日軍的德國參謀看了關原之戰的配置圖後，都覺得很不可思議，簡直無法相信兵力雄厚的西軍會失敗。

在這場戰役中，兩支軍隊加起來共有十萬架大炮，在當時幾乎可以說是世界上最大的戰役了。

但在人數上，以德川家康為首的東軍與敵對的西軍兩相比較之下，東軍明顯處於劣勢。從表面上的兵力看來，西軍幾乎必勝無疑，但為什麼最後卻失敗了呢？

事實上，決定這場戰爭勝負的因素就是團結，在這一點上，西軍遠遠比不上東軍。

西軍的領導者石田三成無法擄獲人心是十分重要的一點，在他的軍隊中雖然有許多猛將，但最後這些人都背叛了他。再加上種種外在因素，造成參加關原之戰的西軍將領造反；在這種狀況下，其實從一開始，西軍就已經註定面臨戰敗的結局。

二次大戰時期，希特勒之所以戰敗，也是同樣的原因。這一點，光是從一九四四年，德國軍官試圖以炸彈謀殺希特勒的事件中，就可以窺見一些端倪。

據說，在戰爭之中，納粹的幹部們甚至為了女人彼此爭風吃醋。在最需要團結精神的戰爭中卻鬧起內鬨，這幾乎就是導致他們失敗的最大原因。

無論是何種競爭關係，勝利最大的關鍵，就在於內部人員是否具有共識，能否充分發揮合作的精神。

若是連認同自己的夥伴都做不到，又怎麼談得上戰勝對方呢？

技巧熟練，也要懂得隨機應變

很多事情，單靠技巧熟練，並不能夠真正所向無敵；是否擁有隨機應變的智慧才是最重要的致勝關鍵。

江戶時代的日本，有一名技藝精湛的工匠，名叫甚五郎。由於他是天生的左撇子，總是習慣用左手作事，所以大家就叫他左甚五郎。

當時，與他齊名的還有一個人，叫做菊池藤五郎，和左甚五郎都是當時十分有名的雕刻家。

不同的是，菊池藤五郎不管是在各方面，都喜歡和別人一決高低，甚至有時還會為此起了糾紛。

有一天，菊池藤五郎對外宣稱：「日本第一的雕刻家怎麼能夠有兩個呢？有一天，我一定要和左甚五郎一決高低。」

有一名將軍聽聞了菊池藤五郎的這些話，於是便把兩個人都叫到將軍府，並且命令他們：「我今天一定要看看你們兩個到底誰是日本第一。我看，你們就當場刻一隻老鼠給我看看吧！」

不一會兒，兩個人都把老鼠刻好了。將軍一看，這下可好了，兩個人的雕刻技術幾乎不分軒輊，根本無法判別哪個比較好。

正當將軍苦惱的時候，身邊一個大臣悄悄的對他說：「要知道誰刻的老鼠最像，抓一隻貓來不就清楚了嗎？」

將軍覺得很有道理，於是派人把那兩隻老鼠放在一塊空地上，然後放出一隻貓。

那隻貓一被放出來，就直奔菊池藤五郎刻的那隻老鼠。

大家一看，心裡都想：原來，菊池藤五郎才是日本第一呀！但就在這時候，貓卻突然把叼在嘴裡的老鼠吐掉，轉頭就把左甚五郎刻的那隻老鼠叼走了。

將軍一問之下才知道，原來，左甚五郎用來刻老鼠的材料並不是木頭，而是魚乾。

很多事情，單單靠著技巧熟練，並不能夠真正所向無敵。技術再精湛，也不表示能夠靠著這一點勝過所有人；是否擁有隨機應變的智慧才是最重要的致勝關鍵。

只要肯努力，每個人的技術與熟練度都可以達到一定的程度，但能否靈活運用腦袋，就要看個人的臨場反應了。至於該如何培養這份靈機應變的智慧，還得要靠平時不斷的用心體會、多方揣摩才行。

勇於嘗試，才能證明自己

如果你相信自己是對的，那就勇敢去做吧！嘗試過，總比連嘗試的機會都沒有還來的好，你說是嗎？

很久很久以前，交通並不像現在這麼發達，人們往來遠方的主要交通工具還是馬車。

這一天黃昏，一條鄉間小路上，有一輛馬車正在趕路，掛著煤氣燈的車廂內坐著滿滿的人。當馬車走到一處樹木茂密的小路上時，不知道從哪裡傳來一陣吵鬧聲，乘客們忍不住起了一陣騷動。

「聽說這裡經常出現土匪，路過的馬車常在這裡受到襲擊，今天應該不會有事吧？」其中一個乘客說道。

有個年輕人聽了覺得很害怕，就和坐在旁邊，一位紳士打扮的人說起話來。

「大家剛才說的都是真的嗎？我今天可是帶著我的血汗錢，一共有三千英鎊呀！萬一這些錢被土匪搶走了，那可怎麼辦才好？」

紳士聽完他的話之後，便回答他：「我教你一個方法，你可以把錢藏在鞋子裡面，土匪們應該不會搜查鞋子的。」

於是，年輕人就照著他的話去做了，就在他剛藏好錢的時候，突然間，馬車就被一群土匪劫持了。土匪們進入車廂內，打算開始搶奪乘客們的財物。

就在這時，紳士突然大叫：「這個男人的鞋子裡藏著很多錢。」土匪們一看，不費吹灰之力就搶了這麼多錢，都十分高興，拿著那些錢就走了，並沒有傷害任何人。

過後，馬車還是不斷的趕路，但乘客們都異口同聲地譴責起那個紳士來。年輕人一看到大家都為他說話，心裡越想也越覺得憤怒。

面對大家的怒氣，紳士只是冷靜的要大家忍耐一下，等到達目的地再說。最後，馬車終於到達了城鎮，年輕人忍不住抓起對方的衣領，想要教訓對方。

這時候，紳士說話了：「非常抱歉，事實上，我身上帶著十萬英鎊的現金，為了怕這些錢被搶走，甚至讓大家受到傷害，所以我只好出此下策。當然，為了彌補你的損失，所以我決定送你一萬英鎊當成酬謝，請你一定要原諒我。」

年輕人知道真相之後，不禁深深佩服紳士的機智，同時也原諒了他先前的作為。

法國文豪羅曼羅蘭曾經說過：「必須大膽的把體統、禮貌、怕羞和壓迫心靈的社會謊言統統丟開……，只有把這些顧慮踩在腳下，一個人才能偉大。」

擁有先見之明的人，一開始的時候往往不容易被一般人理解，難免也會受到來自眾人的非難。這時候，最需要的是擁有承受這些壓力的勇氣與準備。

荷蘭科學家海更斯就曾經感嘆：「任何天才看世界的角度，都與周遭的人不同。」

莫說是天才，即使是一般人，心裡的想法也不見得時時都能夠被周遭的人了解。因此，如果你相信自己是對的，那就勇敢去做吧！嘗試過，總比連嘗試的機會都沒有還來得好，你說是嗎？

守信用，讓你更接近成功

懂得把別人的恩情記在心裡的人，往往比較容易成功，因為這種人通常也懂得守信的重要。

有一個得了不治之症的富翁，在一位醫生的治療下，竟然奇蹟似的恢復了健康。

就在即將痊癒的時候，他找來管家，並要管家送一百萬元給醫生。

「等您痊癒了再送也不遲，不是嗎？」管家覺得很不能理解，於是詢問主人。

「不，當我覺得很絕望的時候，心裡曾經想，如果有誰能治好我的病，我就把全部財產都給他。但是，等到脫離了危險期的時候，我又忍不住想：世界上應該不會有人這麼笨吧？還是送給救我的人一半的財產就好了。」

「可是，隨著身體狀況逐漸好轉，我又改變主意，決定只送三分之一的財產出去就好。現在，眼看我的病也好得差不多了，我卻只想送出一百萬元。」

「雖然說醫生救治病人是應該的，但也有些病人，是醫生怎麼盡力也救不了的。我現在能這麼快痊癒，雖然不見得全都是醫生的功勞，可是，一旦等我完全康復，可能就不會送禮給醫生了。這樣做的話，我又和那些忘恩負義的人有什麼區別呢？」

相信這位富翁的言而有信，一定讓許多人感到佩服吧！

很多時候，當我們對別人有所求，必須受人恩惠時，往往會說盡恭維的話。但是隨著時間的流逝，當眼前的危機過去，許多人卻經常將他人當時的善意置之腦後，也忘了自己曾經多麼渴求對方的幫助，甚至對於自己曾經許下的諾言，也當做從來沒有發生過，這樣現實的嘴臉，實在讓人不禁搖頭嘆息。

要知道，時時心懷感恩，懂得把別人的恩情記在心裡的人，往往比較容易成功，因為這種人通常也懂得守信的重要。反之，不懂得知恩圖報的人，一旦再度面臨困厄，卻一定不會有人願意再度幫助他了。

別把利益當成行善的標準

真正的善意，並不需要得到回報。若把利益當成決定行善的判斷準則，只能算是一種為了滿足慾望的交易而已。

有一次，釋迦牟尼化作一個乞丐的形象，來到一戶人家門口化緣。

「我們家只煮夫婦兩個人吃的飯菜，沒有多餘的東西。」出來開門的婦人冷淡的回答。

釋迦牟尼於是問：「那麼，能不能給我一杯茶喝？」

「乞丐還想喝什麼茶？有水喝就很好了。」婦人冷冷的說。

釋迦牟尼又問：「可是，我實在餓得動不了了，可以請您幫我倒一杯水來嗎？」

婦人嫌惡的罵道：「你這個乞丐，居然敢使喚別人，前面有一條小河，那裡有很多水，你自己到那裡去喝。」

釋迦牟尼這時突然現出了自己的原形，並且嚴肅的對婦人說道：「妳是多麼缺乏同情心啊！原本，我是這麼打算的，如果妳願意給我一碗飯菜的話，我就給妳一碗金子；如果妳給我一杯茶的話，那我就給妳一杯銀子。如果妳只肯給我一杯水，那我最少也會給妳一杯錫鐵。但是，既然妳連一點點的同情心都沒有，那麼我也就不打算給妳任何幸福了。」

婦人十分後悔，連忙說：「啊，原來您是釋迦牟尼啊！這樣吧！您想要什麼，我會給您的。」

「不必了，這種為了利益的施捨，我是不會要的。」釋迦牟尼說著就轉身離開了。

丈夫回家後聽說了這件事，生氣的罵妻子：「妳真是個笨蛋，一開始為什麼不給他飯呢？這樣我們就可以得到一碗金子了呀！」

接著，丈夫又說：「算了，我去和他換金子回來好了。」話一說完，他就出門去追釋迦牟尼了。

走著走著，丈夫走到一個岔道口，看見路旁坐著一個乞丐，他於是問道：「喂，乞丐，你有沒有看到釋迦牟尼呀？」

乞丐回答：「我正餓著肚子，連動都動不了了，哪裡會知道呢？你能不能給我一些食物呀？」

「我為什麼要給你食物？我可是為了換金子才來這裡的。」說完，丈夫一臉不屑的撇過頭。

就在這時，釋迦牟尼又再度現身了。

「妻子如此，丈夫也是如此，我是不會給沒有同情心的人恩惠的。」釋迦牟尼說完，就頭也不回的離開了。

希臘哲學家德謨克里特就曾說過：「行善卻渴望報酬的人是不能被稱為行善者的；這個稱號只配給那些只為行善而行善的人。」

真正的善意，並不需要得到對方的回報。若是把利益當成決定是否行善的判斷準則，這樣的善行充其量只能算是一種為了滿足慾望的交易，而不是真正出自內在的善心了。

像這樣只想到自身利益的人，又怎麼能算是真正的好人呢？

腳步紮實才能嚐到甜美的果實

若只是一味躁進，忘了腳踏實地、步步紮實，那麼最後必不能得到想要的成果。

有個人到朋友家裡作客，看到落成的新居牆壁光滑雪白，像是被某種塗料粉刷過，非常平整漂亮，心裡很羨慕，就問道：「你是用什麼東西粉刷牆壁的？這麼光滑漂亮，我也想試試看。」

主人笑著說：「我先把米糠浸泡在水裡，泡軟後用力搗爛，再和著泥土一起拌均勻，最後才塗到牆上。」

這人聽了，便在腦中盤算著，回家也要如法炮製。

果然，他一回到家，便從穀倉裡翻出不要的米糠。看著一袋袋厚重的米糠，他不禁心想：「要把米糠泡軟得要花掉許多時間，之後還要搗爛，多麼費事又費力啊！」

突然，他靈機一動，想道：「反正米糠多的是，不如就直接跟泥土和在一起吧！」

於是，這人就將大量的米糠和入泥土，開始粉刷牆壁，辛苦了幾天，總算將裡裡外外每面牆都重新粉刷過一次，可是牆面上卻凹凸不平、坑坑洞洞，一點都不光滑。這人越想越氣，認為自己被騙了，於是決定到朋友家討個公道。

他生氣的對朋友說：「我用米糠混和著泥土下去塗牆，結果牆壁凹凸不平又有許多裂縫，一點也不平整。」

主人低頭想了一下，搖搖頭說：「我想是誤會吧！假如直接將米糠抹到牆上，牆面當然不可能平整，而且泥土裡有硬物，還會造成裂痕。你是不是忘了泡水、搗爛這兩道程序呢？」

這人原是打算來與師問罪的，沒想到被人戳破，想起自己的糊塗，頓時滿臉通紅，連忙起身，頭也不回的往外走。

這個故事再一次印證一個道理：天底下沒有白吃的午餐，更沒有不勞而獲的成功。

古諺說得好，要怎麼收穫，先那麼栽。

我們無法預知未來，唯一能確定的是努力耕耘必將有收穫，因為一個吝惜付出的人，永遠得不到回報。

想要獲得成功，我們除了必須虛心向他人請益，還要膽大心細地跨出每一步，不怕付出辛勞，向目標前進才行。若只是一味躁進，忘了腳踏實地、步步紮實，最後必定得不到想要的成果。

PART 7

懂得放鬆，就能活得輕鬆

只要集中精神在眼前的生活上，
用心活在當下，路程自然會走得輕鬆許多，
也會在不知不覺中越來越接近目標。

自尊受傷，往往難以痊癒

尊嚴受傷，雖然不如實質上受傷那樣會危及生命，可是這種無形的傷痕，卻可能引發種種連鎖效應。

曾有人說過這麼一句話：「歡呼那生活中親切的小處禮貌，因為它使得人生旅途一切順遂。」

待人有禮貌，就是承認別人也有身為人應該有的尊敬。遵從禮貌可以培養平等待人的習慣，作用遠遠超過潤滑的範疇，防止出身各異的個人彼此因為自尊心受損而引發爭吵。如果懂得善用禮貌，甚至會產生積極的力量，助長人們內心的善意。

雖然在某種層面上來說，禮貌與自尊只不過是微不足道的小事，但卻成功引起人類第一對兄弟的爭吵。

在聖經故事理，亞當的兒子之一亞伯殺了一頭羔羊獻給上帝，他的哥哥該隱也奉上果子作為貢獻，但最後上帝只接受了羔羊。該隱因為自尊心受損而懷恨在心，最後謀害了亞伯。

綜觀諸多刑事案件，多數也都是起因於一點點雞毛蒜皮的小事。其中一方有意或無意侵犯到對方所引起的。

不管是酒吧裡的耀武揚威、家庭裡的爭吵、刺耳的對話和各種粗魯的言行，只要冷靜一想，這些其實都是小事，可是卻往往引起肢體上的衝突，甚至兇殺。

這些人多半只是因為自尊受了一些小小的打擊，一時衝動之下所以鑄成大錯。

一個人的尊嚴受傷，雖然不如身體實質上受傷那樣會危及生命，可是這種無形的傷痕，卻更可能引發種種嚴重的連鎖效應，產生無法預料的後果。

一思及此，我們就不得不更加注意平時對人的態度，與禮貌的維持了。要是過於疏忽，也許就很有可能在無意間，傷害了他人的自尊卻不自知呢！

要有拒絕惡習的勇氣

許多人在不知不覺中，也被捲入現代社會的種種惡習中，唯利是圖、道德觀念淡薄，良心甚至不會有絲毫不安。

美國有一句諺語：「跟著別人做，總不會錯。」事實上，這句話的確頗能反映現今的社會狀況。

大部分的現代人受功利主義的影響，無論做什麼事幾乎都喜歡跟流行。好像如果不學別人，一窩蜂地趕時髦，就覺得渾身不對勁。

但是，難道對現代人而言，「孤獨」與「單一」已經變成難以忍受的事了嗎？大家都迫切地尋找說話的對象、盲目湧向人群、買同樣的東西、捕捉流行，而這些都只是為了求得心安，表示自己屬於人群而已，最終目的還是要慰藉自身的孤獨感。

確實，在這個日漸多元複雜的現代社會，想要具有堅定的自我意志似乎愈來愈困難。若要強行反抗流行的潮流，率性地生存，面臨的挑戰和考驗可能會很多。

可嘆的是，不只是物質跟隨流行，許多人在不知不覺中，也已經被捲入現代社會的種種惡習中，愈來愈唯利是圖、道德觀念日益淡薄，良心甚至不會有絲毫不安。

因為「反正大家都這麼做，我也應該這麼做」的錯誤觀念，許多人坦然地染上壞習慣，又始終拿別人當擋箭牌，不敢面對自己犯錯的事實。或許，我們要反抗這些社會的潮流，必定是一個困難重重的過程；然而這也更表示，這個社會真的需要我們展現勇氣與智慧，大聲地說「不」，來拒絕這種盲目的潮流。

笑容能讓生活充滿能量

「笑」是一種心靈上的藥，它含有使人樂觀的維生素，像氧氣般使人復甦，讓許多人重振低落的士氣。

據說在法國巴黎的某所學校有位老教授，每當他上課時，開講前一定會這麼要求所有人：「笑吧！在座的每一個人都要笑，大聲地笑。就像這樣，再笑大聲點，還要再大聲一點！」

於是，在座的同學們一個跟著一個都笑了起來，馬上，整個教室就充滿了愉悅的笑聲。

許多人在剛進教室時，通常不覺得有什麼可笑的，因為有些人或許可以對自己的煩惱一笑置之，可是一旦面臨所愛的人有苦難，而自己無能為力時，就不容易表示出歡愉的心情。還有更多人，則是幾乎忘記了如何微笑。

可是，當這些原本笑不出來的人，看到其他人臉上止不住的笑意時，離開教室時的確覺得快樂多了。

還有個人，有一回在一本雜誌上看到一個彩券中獎人笑得燦爛的照片，便把這張照片釘在牆上。此後，每當看到這張照片，這人就忍不住莞爾一笑，而每笑一次，就覺得自己的心情舒服了許多。

後來，這人就把報章雜誌上所有能找得到的笑容都剪起來，前後貼滿了一本，並且把這本剪貼簿給一位護士小姐看，護士看完也忍不住笑了起來。

接著，護士又把這本剪貼簿借給醫院中一位病人看。雖然他已經幾個月沒有笑過了，但看了這些笑容，也不禁為之絕倒。

就這樣，從此這本剪貼簿就病床挨著病床，一個病房挨著一個病房地流傳下去，許多人的心情因此變得開懷起來。

根據醫學上的證明，笑容的確有治病的效果。

「笑」是一種心靈上的藥，它含有使人樂觀的維生素，像氧氣般使人復甦，讓許多人重振低落的士氣。以上這些故事，不就是最佳的實證嗎？

千萬別忘了，要時時笑口常開。當你心情不愉悅的時候，試著讓自己大笑幾聲，絕對可以讓你一吐胸中的鬱悶！

沒有美麗外在，也能過得自在

上天若是關起這扇門，必定會為你開啟另一扇窗。只要明白自己的優點與長處，同樣可以找到一片天地。

有個雙眼凸出又兼有駝背的人，每每走在街上，總成為孩童們嘲弄欺侮的對象，大人見到他也無不用眼角餘光打量，一邊竊竊私語地討論著。

原來，這個眼凸背駝的人，原本有張貌比潘安的俊臉，單靠五官，不知道迷死多少女人，但他相親無數次，每每女方一見到他的駝背，就都逃得遠遠的。

為了治療嚴重的駝背，那人於是前去拜訪一個號稱能醫百病的名醫。名醫一見到他，便立刻拍拍胸脯，保證絕對可以醫好他的背。

只見名醫在他身上塗滿酥油，接著拿了兩片硬木板，一前一後把那人夾在中間，不斷用力夾緊，夾得那人前胸都快貼後背了，不斷發出淒厲的哀嚎聲，痛到暈過去。

見到病人暈死，醫生才趕緊把木板拆下，結果那人好不容易扳直的駝背立刻軟趴趴地恢復原狀。

沒想到，當那人醒過來一睜開眼，才發現自己的背不但沒直，連眼睛都被擠得凸出眼眶。雖然萬分後悔，但一切都已經來不及了。此後，他就只能在人們暗地的嘲笑議論中度過每一天。

如同故事中的駝子，要是我們執意強求那些不屬於自己的事物，就算一時得到了，也不可能長久，甚至還可能為自己帶來不幸。

一個人真正的美麗，並不是取決於容貌姣好、高矮胖瘦等外在標準，而是待人接物的氣度與渾身散發的自然特質。

心美，遠比空有外貌，來得更迷人且耐人尋味。一個懂得愛自己的人，就算容貌有著缺陷，也依舊能夠散發出一股自信的魅力，讓人看見他的美好內在。

如同文學家莫泊桑所說的：「世界沒有想像中的美好，但也沒有想像中的糟糕。」

任何事情都有一體兩面，上天若是關起這扇門，必定會為你開啟另一扇窗。如果能明白自己獨有的優點與長處，並懂得發揮，那麼同樣可以用另一種方式，在人群中發光發熱，找到自己的一片天地。

懂得放鬆，就能活得輕鬆

只要集中精神在眼前的生活上，用心活在當下，路程自然會走得輕鬆許多，也會在不知不覺中越來越接近目標。

若要說現代生活有什麼最令人心驚的事情，那麼，想必就是精神疾病患呈現倍數成長吧！越來越多人因為精神或心理方面的問題求診，最主要的原因，就是太多人在日積月累的恐懼與壓力重擔下崩潰。

每個人都是站在過去和未來交會的「現在」，不可能回到過去的日子，更不可能跳過現在，預知未來。

可是，許多人卻經常因為過於緬懷追不回的過往，甚至是擔心根本看不見的未來，結果導致心靈生病。

事實上，要解決這個問題其實很簡單，只要懂得活在今日，活在當下的道理便可。要知道，我們也許需要檢討過去或策劃將來，可是卻沒有理由懷著恐懼與悔恨做今日該做的事。

逝者已矣，今天才是我們真正存在的唯一瞬間，不須因為昨天的錯誤而折磨自己；更不需要漫無目的地為不可知的未來煩惱，使自己陷入痛苦的深淵。

就像是趕路，我們只要注意距離下一個里程碑還有多遠就行了，不必一直考慮到達最終目的地到底還有多久，如此一來，路程自然會走得輕鬆許多，也會在不知不覺中越來越接近目標。

同樣的道理，只要集中精神在眼前的生活上，用心活在當下，努力過好每一天，那麼最後必將順利到達自己理想中的目的地。

話說出口前，最好再想想

如能謹守「沉默是金」的原則，比起那些自認妙語如珠，成天叨叨絮絮的人，也許還更能得到他人的敬重。

若是一個人只顧說話，那麼他絕對沒有時間思索。很多人往往未經思索，便大肆地高談闊論。

有位報社主編經常對年輕記者說，不要以承認無知為可恥，更不能試圖以言語掩飾自己的一無所知。據說，這位主編就是因為一次慘痛的經驗，才換得了這種教訓。

有一次他搭船橫渡大西洋，有一位乘客走到他身邊。

「我想告訴你，」這個人說，語調裡還帶著濃厚的感情：「我很感謝你給我的信。」

這位主編實在想不起來，自己在什麼情形下寫了這封信，事實上，他連眼前這位先生是誰也記不起來。但是當下他卻想，與其承認自己忘了，還不如大膽地回應。

「喔，這沒什麼，我很高興能在那種機會寫信給你。」這位主編於是這麼說道。

沒想到，那位旅客頓時臉色大變，並且一言不發地掉頭走開，讓他覺得十分莫名其妙。

這位主編說：「經過一番思索，我才終於想起這位先生以及我『很高興』寫給他的信。原來，那是一封弔唁他太太去世的信。」

很多人都曾經因為說錯話而出糗，尤其對很多我們不了解背景的陌生人，更是經常由於自己說話毫無顧忌，而失去成為朋友的機會。

其實，這些都是可以避免的，只要記得，話說出口前先在腦海多停留一下下，便可以免去許多可能失態的情況發生。

甚至，如果你真的自認很不會說話，那麼與其總是說錯話，不如謹守「沉默是金」的原則。

如此，比起那些自認妙語如珠，成天叨叨絮絮的人，也許還更能得到他人的敬重。

多多觀察，才不會誤信小人

防人之心不可無。我們必須懂得擦亮眼睛，明白身邊的人究竟是小人或君子，否則最後受傷害的往往是自己。

從前有個小國，每個走在街上的人都神色緊張，買賣交易也是低頭細語，無論講什麼話，幾乎不肯讓第二個人聽到，更多時候，整條街完全見不到半個人影。

有個旅人見了這種狀況，好奇地詢問投宿的店家。掌櫃的從頭至腳打量了旅人好幾遍，才帶著警戒的語氣反問：「看樣子，你是從外地來的吧？」

旅人毫不遲疑地點了點頭，並說：「是的，可是我從沒見過一個地方像這裡一樣安靜。」

「唉！以前不是這樣的。」掌櫃搖了搖頭，看了一下左右，壓低聲音繼續說：「還不是因為那個國王。」

「國王喜歡安靜，所以不許人大聲嚷嚷嗎？」旅人壓低音量問道。

「你說呢？前天隔壁家的小孩偷溜出門，擋到國王出巡的隊伍，結果就被砍頭了。」

旅人聽了，忍不住張大嘴巴，一臉驚訝。

掌櫃再次張望了一下，才接著說：「原本還有個大臣，十分憐憫老百姓，所以常會諫言，或者是替莫名其妙被抓進囚牢的人民求情。但國王不知道從哪聽來的消息，說大臣毀謗國王，導致全國上下都謠傳著國王的暴虐，一氣之下就割掉大臣身上一百兩肉。」

「後來群臣與公主都出面證明那位大臣絕對沒說過半句不是，國王才知道自己做錯了，於是命人把一千兩肉縫回大臣身上。見大臣每天趴在床上因為疼痛而哀嚎，還很不高興地說：『當初割你一百兩，現在還你十倍，你還有什麼不滿？』」

「實在是太過分了！」旅人大聲說道。

掌櫃連忙阻止他：「噓，小聲點，要是給外面的人聽到，你有一百個頭都不夠砍。」

此時旅人忽然起身，一臉冷酷地說：「沒錯，你毀謗國王，的確有一百個頭都不夠砍！」接著便擊掌三聲，跟著跑出一群士兵，火速將掌櫃綑綁，送入囚牢。

看來，就算覺得有些話實在不吐不快，還是得要先搞清楚傾聽的對象究竟值不值得信任再說。

不可否認，人性本身就是善惡兼具的，世界上有好人，自然也有一肚子壞水的人，如果單純地把每個人都當成善類，最後只會讓自己死得不明不白而已。

害人之心不可有，防人之心更是不可無。

尤其在這個人吃人的現實社會，我們必須懂得擦亮眼睛，看清身邊人的內在本質究竟是小人或君子，否則識人不清的結果，最後受傷害的往往是自己。

保持理性，才能解決問題

與其讓問題一直延續下去，不如學會理性面對，讓問題可以徹底根絕。

有兩父子和鄰居一同到山上砍柴。年輕力壯的兒子向父親表示，自己想到山的裡面一點，探尋新的砍柴地點。

「嗯，說不定你能發現更理想的地方，那麼就小心點，去吧！」父親猶豫了一會，便點點頭答應了。

過了好一會兒，兒子突然從樹林裡跌跌撞撞地跑出來，渾身衣服破爛，身上還多了幾處傷口，父親急忙問他究竟發生了什麼事。

「樹林裡有種可怕的東西，渾身的毛又長又密，對我又抓又咬的，好可怕！」

父親立刻拿起弓箭往樹林裡去，鄰居也尾隨在後一探究竟。

走進樹林不久，父親看見一個渾身長滿長毛的野人，直覺便搭起弓箭要射，一旁的鄰居立刻阻止，告訴他說：「祂是居住在森林裡的仙人呀！你應該找傷害你兒子的那隻動物算帳才對。」

不管遇到什麼事，千萬不要一開始就讓衝動的情緒主宰自己的腦袋。得先了解事情的始末，再做出理智的反應。與其讓問題一直延續下去，不如學會理性面對，讓問題可以徹底根絕。

看清楚「需要」與「想要」——

幸福不在於擁有的多，而在於計較的少，要是懂得珍惜已有的，那麼即使物質生活再困頓，也能感到滿足。

王老五獨自一人坐在路旁，不停地哀聲嘆氣。一名路人看見了，便好奇地問他發生什麼事。

「唉，你說我是不是很蠢呀？」王老五沒頭沒腦地丟出這句話，讓路人摸不著頭緒。

王老五接著又開口：「你知道嗎？我剛才撿到一大包金幣呀！」

「哇，那你很幸運呀！」路人露出羨慕的神色。

沒想到王老五卻無精打采地說：「可是我撿到這麼多金幣，一時不曉得該怎麼辦，正猶豫著要不要私吞的時候，原主就出現，說了幾句感謝的話，還把錢全部拿走了。唉！早知道我就先藏一些起來。」

路人只能勸他：「丟掉東西物歸原主，這不是很正常的事嗎？該是你的跑不掉，不是你的，再怎樣都沒辦法強求的呀！」

人們有許多煩惱，都是來自於貪念。奢求那些不屬於自己的事物，只是徒然為自己製造許多困擾與麻煩而已。

這些東西也不見得真的是「需要」，多半只能算是「想要」而已。想要受眾人矚目，想要讓很多人肯定自己的價值，想要有更優渥的生活……因此才不滿足於現狀，也增加了許多煩惱。

真正的幸福並不在於擁有的多，而在於計較的少。如果看不見自己擁有的東西，不管再如何追逐，仍舊會感到生命貧乏；要是懂得珍惜已有的，那麼即使物質生活再困頓，也能感到心靈上的滿足。

PART 8

融會貫通，就能懂得變通

不管做任何事情，都必須先弄清楚原由，
否則，搞不清楚狀況，也不知道變通的結果，
往往就是誤了大事。

不要任意審判他人

如果我們夠謙卑，必然會很清楚，若是只看到別人的某一面，就驟然主觀地評斷，這是十分不公平的做法。

在這個紛亂的紅塵中，相信你絕對找不出一個毫無缺陷或弱點的人。但卻可以發現有不少人硬是將自己的不足擱在一邊不管，而去追究、侵擾他人。這樣的人往往都是為了隱藏自己的無能，才會把目標轉移到別人身上。

這種人通常很不喜歡聽到別人指責自己的缺點或弱點，一被指出錯誤，就會暴跳如雷，不需要特別仔細觀察，就知道他是個性格存在缺陷的人。

但是如果我們夠謙卑，必然會很清楚，其實沒有人有權利任意批判他人。天地間的事物錯綜複雜，人們往往無法知道真相如何，當然不能武斷地責備他人。

更何況，相信不管是什麼人，都是在不停地追求更美好的自我。若是只看到別人的某一面，就驟然主觀地評斷，這是十分不公平，也是太過傲慢無禮的做法。

習慣批判他人的人哪！請你回過頭來想想，要是哪天你成為被批判的主角時，該如何自處呢？

相對的，在學習接納別人的諫言之外，我們也要懂得圓融地對別人提出忠告。別忘了，人生在世最美好的事情，莫過於和別人一起攜手向前邁進呀！

弄清楚狀況，免得鬧笑話

任何事都有因有果，若是不弄清楚這層關係，甚至導因為果，不只事情做不成，反倒還會讓自己貽笑大方。

有個農夫臥病已久，一日，他將兒子阿明叫到床邊，並告訴他：「我知道自己將不久於人世，留給你的那片芝麻田是我畢生的心血，你要好好種呀！」

這一天，從沒下田幫忙過的阿明踱步來到芝麻田，一邊吃著父親種好，大火炒熟的芝麻，一邊四處走走看看。此時，他突發奇想：「熟芝麻這麼好吃，不知道生芝麻的味道如何？」

於是，阿明便隨手摘了些生芝麻往嘴裡送，可是才咬一口，就趕緊把嘴裡的渣都吐出來，說道：「味道太恐怖了！根本不能吃嘛！」

他看了看一大片的芝麻園，又看看剛才吃的熟芝麻，心裡想：「這麼難吃的生芝麻都能種，那如果改種好吃的熟芝麻，應該可以收成更美味的芝麻才對。」

於是阿明便把原有的芝麻全部採下，埋入熟芝麻做種子，每天也辛勤地澆水、施肥、除草。如此日復一日，經過一個月，整塊田地卻還是光禿禿的，什麼東西都沒有。

終於，阿明忍不住生氣地跑去向病床上的父親抗議：「說什麼每天勤勞澆水施肥，芝麻就會茁壯發芽長大，誰知道我種了一個月，連個影子都沒看見！」

虛弱的農夫驚訝地說：「不可能呀！」

阿明理直氣壯地回答：「我照您的話把芝麻種下去，每天也澆水施肥，還特地選了又香又好吃的熟芝麻當做種子，可是真的一點動靜都沒有嘛！」

生病的農夫一聽，一口氣喘不過來，雙腳一蹬就這麼往生了。

有句話說：「吃米不知米價。」意思是指有些人每天茶來伸手，不曾親自勞動過，所以永遠不知道賺錢不易。故事中阿明不單單不知米價，甚至連事情最基本的本末都弄不清楚。

以為改種熟芝麻，就能種出更好吃的芝麻，這種本末倒置的想法，比起晉惠帝的「何不食肉糜」，讓人啼笑皆非的程度，可說是有過之而無不及。

任何事都有因有果，若是不弄清楚這層關係，甚至導因為果，小心到頭來不只事情做不成，反倒還讓自己貽笑大方。

停下腳步，才能把問題看清楚

當遇到問題無法解決時，不妨先停下來想想，原本的目的是什麼？如此執著於細節又有多大的幫助？

有個旅人，在趕了很長一段路之後，感到十分口乾舌燥，所攜帶的水也飲盡了，沿途又沒遇到可補給水源的溪河，只好加快腳步往前，期盼能早日找到水源。

好不容易，一條小溪映入眼簾，一旁還浸著一只木桶，桶裡滿是源源不絕的水。他立刻連跑帶跳地衝向前去，張大嘴湊進木桶裡恣意享受冰涼的溪水。

等到喝飽了，這人才心滿意足地指著木桶說：「我已經喝夠了，你可以停下來了。」

但溪水依然不停地流入木桶，木桶裡的水也繼續滿溢出來，這人看了相當生氣，忍不住大聲說道：「就跟你說我已經喝夠了，你怎麼還不停止……」就這樣，這人在溪邊不停地咒罵，說到口乾，還會停下來喝口水再繼續。

路人經過看見這景象，覺得很奇怪，便上前問：「老兄，什麼事情讓你如此生氣呢？」

這人便一五一十地描述了事情的經過，路人聽完，立刻抱著肚子大笑起來。這人看到路人的反應覺得很奇怪，於是問道：「這件事有什麼好笑的嗎？」

路人笑著反問：「你原本出來是要做什麼的？」

「當然是去趕市集賺些錢回家！」

「那就趕緊去做你該做的事情。木桶泡在溪水裡自然有水溢出，這是你無法改變的呀！」路人說。

有些事情的發生是不可避免的，就算讓人不愉快，依舊無法改變。與其浪費時間做徒勞無功的反抗，還不如轉移目光，另尋他途。

更廣泛來說，很多事情也是一樣。我們往往會因為一點小問題而鑽牛角尖，結果反倒忽略了自己原先的目的。

因此，不管做什麼事，當你在過程中遇到問題無法解決時，不妨先停下來想想，原本的目的是什麼？如此執著於細節，對於事情究竟又有多大的幫助？

山不轉路轉，如果問題真的無法解決，也一定有其他的替代方案可循，又何必要一直在原地繞無謂的圈子呢？

融會貫通，就能懂得變通——

不管做任何事情，都必須先弄清楚原由，否則，搞不清楚狀況，也不知道變通的結果，往往就是誤了大事。

有名員外準備要出遠門，動身前，一再對僕人千叮萬囑：「你要好好看著大門，還要顧好那頭驢子，千萬別讓牠跑掉了。」之後，便背起行囊踏出家門。

僕人一刻也不敢忘記員外的囑咐，戰戰兢兢地守在大門與驢子之間，晚上只蓋張小毯子睡在門口，就這樣過了好幾天。

這天，鄰村來了一群戲班子，精采的技藝成了路人們交談的話題，聽起來表演內容似乎非常熱鬧有趣。

僕人聽得心癢難耐，實在很想一探究竟，又想起主人臨走前的諄諄囑咐，不禁坐在門口煩惱起來。

搖頭晃腦了好一陣子，僕人突然靈光乍現，便把繫著驢子的大門卸下來，放在驢背上，之後便高高興興地牽著驢子去看戲。看完戲之後，他又再將大門裝回去，繼續睡在大門與驢子之間。

過了幾天，員外一踏進庭院裡，就發現家裡的桌椅、掛畫統統不見了，驚訝地問道：「我不是叫你看好大門嗎？」

僕人連忙回答：「有呀！您看，大門不是還好端端地在這，驢子和繩子也一直繫在門上呀！您說要顧好的東西，可是一個都沒少。」

員外氣得頭頂冒煙，破口大罵：「笨蛋！叫你看好大門，是因為屋內有財物。現在屋裡的東西都被偷了，我還要那扇大門做什麼？」

又是一個本末倒置，讓人哭笑不得的故事。

許多人對於長輩、上司的命令即使感到困惑，往往也不敢提出疑問。默默地去做之後，卻可能產生十分兩極的結果。

不管做任何事情，都必須先弄清楚原由，而不是乖乖地一個口令一個動作就好。否則，搞不清楚狀況，也不知道變通的結果，往往就是誤了大事。

對於他人交代的事項若有不明白的地方，更應該直接提出，否則要是誤會對方的意思，小心跟這個看守大門的僕人一樣鬧出笑話。

看清楚身邊的「好朋友」——

酒肉朋友會使你沉迷在紙醉金迷、虛偽浮誇之中，當你失去「分享」的能力，這些人也會消失無蹤。

有一個既小氣又不聰明的牧羊人，手邊擁有上千頭的羊，不但每一隻都毛色雪白、體型健壯，而且繁殖速度極快，為他帶來很豐厚的收入，但他卻從來不肯殺一頭羊請客。

有個名叫黑仔的人聽說了這些事，便開始經常藉故出現在牧場附近，說些甜言蜜語，帶些東西讓牧羊人佔點小便宜，不久，牧羊人便把黑仔當作推心置腹的知己好友。

一天，黑仔問牧羊人：「瞧你一表人才，卻鎮日與羊群相處，沒什麼機會跟人接觸，又還沒娶親，不寂寞嗎？」

牧羊人搔搔頭答道：「恐怕沒有人會想嫁給滿身羊騷味的人吧！」

「是嗎？我聽說鄰村有個女子又美麗又賢慧，很適合你呢！還是讓我替你牽個線吧！只要我來作介紹人，一定可以成功的。」黑仔故作熱心地提議著。

牧羊人聽了很高興，便一口答應，還主動給了黑仔一些財物和羊隻當成提親的禮物。

過幾天，黑仔又回來對牧羊人說：「據我看來，對方似乎也很喜歡你，不但馬上就答應這門親事，而且今天已經給你生了個胖兒子。真是恭喜呀！」

牧羊人一聽，才有了妻子，現在又多了個兒子，心裡更加歡喜，連忙要黑仔再多帶些羊，就怕「妻兒」過得太寒酸。

但從這天之後，黑仔就再也沒有出現過了，牧羊人因為渴望見到妻子，乾脆獨自趕羊群上鄰鎮。

到了鎮上，他逢人就問：「妳是不是我的妻子？」每個人都不耐地揮著手，罵他滿街亂認老婆。

日子一天天過去，筋疲力盡的牧羊人依舊日復一日地在鄰村找妻子，連羊群也顧不得。最後終於落得衣服破爛髒亂，只能靠向人乞討過活的下場。

慷慨的人到處都有朋友，吝嗇的人到哪都樹立敵人。所謂的慷慨，就是在自己的能力範圍之內，懂得與他人分享，擁有這種落落大方的氣度，他人自然樂於和你往來。

但是，一個有能力，也樂於與人分享的人，身邊往往也容易招來許多心懷不軌的蒼蠅，想要藉機從中獲得許多好處。這時候，我們就要懂得分辨，何者是因為物質而靠近，誰又是真心與自己往來。

有錢的時候，酒肉朋友會蜂擁而上，使你沉迷在紙醉金迷、虛偽浮誇之中，當你失去「分享」的能力，這些人也會跟著消失無蹤。是否擁有識人之明是十分重要的。

建議你，最好還是擦亮眼睛，仔細深思一下，身邊的人究竟有誰是真正的朋友，誰又是意圖謀利的小人？

多方思考，才能面面俱到

做任何事情都必須多用不同的角度思考，才能找出最好的方法，並產生面面俱到的完美結果。

有一天，富翁突然想吃梨子，便對僕人說：「你去替我買幾顆梨子回來，記得要挑又香又甜的啊！」

僕人點點頭，領了錢便出門去，等他回到家，已經是向晚時分。

僕人笑嘻嘻地向富翁邀功：「這可是我千挑萬選的，保證每顆都又甜又香！」富翁聽了，高興地接過籃子。

「啊！怎麼每顆梨子都缺了一口？」富翁瞬間臉色大變，翻了翻每顆梨子，沒一個完整的。

僕人得意地告訴富翁：「果園主人說，只要吃一口就知道甜不甜了，不甜不要錢。所以我每一顆都咬過一口，保證香甜可口！我吃到肚皮都快撐破了，才好不容易挑出這麼一籃帶回來給您。」

富翁一聽，忍不住破口大罵：「你咬過的東西還有誰敢吃？真是愚蠢的東西！」

所謂的服務，就是要以被服務者的角度去思考對方的動機、目的，就得靠服務者的智慧安排，才能圓滿達到目的。

服務他人需要用腦，並站在對方立場思考，才能做得完善，其他事情也是一樣。

不管是日常生活與人相處，還是身在職場中處理事務，都必須多用不同的角度思考，才能夠找出最好的方法，讓事情能有個面面俱到的完美結果。

事前想清楚，以免走錯路——

有些事情是一旦發生就無法挽回的，要是缺少先前的縝密思考，只要走錯一步，就後悔莫及了。

有一隻貪吃的駱駝，經常趁主人不注意的時候偷吃穀子。主人發覺穀子量不斷減少，知道是駱駝偷吃的，便換了一個甕，不但堅硬厚實，而且甕口小，東西容易裝進去，不容易翻倒出來。

這一天，駱駝再度來到甕旁，但牠的頭卻塞不進甕口，伸出長長的舌頭，也搆不著穀子。情急之下，駱駝便低下頭，用兩隻前腳抱住甕底，死命將頭往裡擠。

主人回到家之後，看到駱駝的頭卡在甕裡，趕忙上前使勁地拔，但還是拔出不來。

後來，主人乾脆拿起刀用力一砍，駱駝的脖子立刻斷了，頭卻還是卡在甕裡面。

「哎呀！頭還是出不來，該怎麼辦呢？」主人一臉煩惱地在屋內來來回回踱步。

最後，他彷彿下定了決心，說道：「看來還是得用最後一招了。」話說完，便用兩隻手將甕高舉，重重地往下摔。

這時，主人一手捧起駱駝的頭，一手拉起駱駝血淋淋的脖子，從傷口處接在一起，過了一會，駱駝的眼睛依舊緊緊閉著。

主人終於忍不住大罵：「我好不容易才把你救出來，而且還打破一個甕，你怎麼動也不動？」

凡事最好還是先三思而後行。

一味魯莽行動，不先思考各種可能的後果，往往容易賠了夫人又折兵，忙了老半天卻事倍功半，甚至徒勞無功。

若想要省事，就必須多耗費腦力找出最好的解決之道，要是懶得用腦，自然就必須付出更多的代價。

更何況，有些事情是一旦發生就無法挽回的，要是缺少先前的縝密思考，只要走錯一步，就後悔莫及了。

想成功，就要從小處著手——

如果想讓自己在未來能有更多的成功機會，不妨試著從眼前著手，由改變最基本的生活態度開始。

有一個富有人家的奶媽，抱著小主人到街上買新衣、新鞋。小主人手上拿著冰糖葫蘆，脖子上掛著金項鍊，手環上鑲滿璀璨的珍奇異寶，衣服布料都是上等好貨，一看就知道是來自有錢人家。

在市場上來回幾趟，終於把東西買齊了，奶媽便帶著小主人回家，渾然不覺身後有人悄然尾隨。

離開市集走了一段路，他們來到一棵大樹下，陣陣涼風襲來，奶媽坐在大樹下休息，不自覺地睡著了。

此時，一路跟蹤的人躡手躡腳走到大樹旁，手裡頭拿著三彩糖，輕聲對小孩說：「小弟弟，我這裡有糖喔！跟你的項鍊換好嗎？」

小主人咧開嘴笑，伸手接下糖果，同時，這人迅速拿走金項鍊。接著他又再掏出一顆糖果，對小孩說道：「還有，這顆糖果跟你換那個手環。」

小主人立刻伸手要拿糖果，這人也立刻拔起小孩手腕上的手環。兩次都得手，這人感到相當得意，這時候，孩子卻突然開始推著奶媽，嘴巴邊說：「起來！起來……」

這人嚇得拔腿就跑，一晃眼不見人影。奶媽揉著惺忪睡眼，看著突然喊她起來的小主人，一臉疑惑。

「剛剛有人給我好多好吃的糖果，妳卻沒有跟那個人說謝謝。」小主人嘟起嘴巴。

「嘎？」奶媽頓時清醒，這才發現小主人身上值錢的東西早讓人摸個精光。

事必有因，這個「因」有時並不是如此單一而明顯易見。在探究事情的因果始末時，我們經常可以發現，許多事件的成因往往是由一些細小的蛛絲馬跡構成的。

就像故事中的奶媽與小主人，就是因為太過招搖，忘了低調行事的原則，毫無顧忌地讓孩子穿金戴銀，才會引起他人的注目與覬覦。

同樣的道理，每個人身上某些看似微不足道的習性，也可能成為決定與影響自己一生的關鍵。

一個人的性格與氣質，會因為幼時成長環境與接觸的人而有所不同，同時也深深影響到未來的交友、事業與人生態度。

如果你想讓自己在未來能有更多的成功機會，不妨試著從眼前著手，由改變最基本的生活態度開始。

將心中的執念放下，
才能更踏實活在當下

放下，才能活在當下

Living in the moment

千江月——著

作家卡莉曾經寫道：

幸福是種奇妙的美好感覺，
通常會發生在你決定放下的時候。

現實生活中，絕大部分的困擾和煩惱，都來自於我們的偏執與妄想。因為不懂得放下，總是以自我為中心，試圖將所有的人事物緊緊握住；因為不懂得放下，我們一味沉溺於過去的快樂和痛苦；因為不懂得放下，我們一味編織著未來的虛無夢幻，始終不願意好好過好眼前的一分一秒。

正因為不懂得放下，我們才無法活在當下，不斷地自尋苦惱，不斷地折磨自己。過去的已經過去，未來的尚待努力，只有適時將心中的執念放下，我們才能更踏實地活在當下，不再患得患失。

國家圖書館出版品預行編目資料

隨緣自在／
連城紀彥著. —第 1 版. —：新北市, 前景
民 107.03 面；公分. - (生活禪：02)
ISBN⊙978-986-6536-65-6 (平裝)

作　　者　連城紀彥
社　　長　陳維都
藝術總監　黃聖文
編輯總監　王　凌
出 版 者　前景文化事業有限公司
行銷企劃　普天出版家族有限公司
新北市汐止區康寧街 169 巷 25 號 6 樓
TEL / (02) 26921935 (代表號)
FAX / (02) 26959332
E-mail：popular.press@msa.hinet.net
http://www.popu.com.tw/
郵政劃撥 19091443 陳維都帳戶
總 經 銷　旭昇圖書有限公司
新北市中和區中山路二段 352 號 2F
TEL / (02) 22451480（代表號）
FAX / (02) 22451479
E-mail：s1686688@ms31.hinet.net
法律顧問　西華律師事務所．黃憲男律師
電腦排版　巨新電腦排版有限公司
印製裝訂　久裕印刷事業有限公司
出 版 日　2018 (民 107) 年 3 月第 1 版
ISBN⊙978-986-6536-65-6　　條碼 9789866536656

生活禪

02

隨緣自在